선가귀감

청허스님 지음
용담스님 역주

효림

청허스님 진영 /『菁虛堂集』에서

선가구감

초 판 1쇄 펴낸날 2002년 8월 23일
　　　　 8쇄 펴낸날 2019년 4월 22일

지은이 청허스님
역 주 용담스님
펴낸이 김연지
펴낸곳 효림출판사

등록일 1992년 1월 13일 (제2-1305호)
주 소 서울시 서초구 반포대로14길 30, 907호 (서초동, 센츄리Ⅰ)
전 화 02-582-6612, 587-6612
팩 스 02-586-9078
이메일 hyorim@nate.com

값 7,000원

ⓒ효림출판사 2002
ISBN 978-89-85295-30-7　03220

※ 표지 사진 : 중국 광동성 남화선사 육조대사 진신상
잘못 만들어진 책은 바꾸어 드립니다.
이 책은 저작권법에 따라 보호 받는 저작물이므로 무단전재와 무단복제를 금지합니다.

해 설

불교는 '믿음〔信仰〕'을 요구하는 종교가 아니요 '깨달음〔覺〕'을 가르치는 법문(法門)이다. 따라서 깨닫기 위하여 닦아 가는〔修行〕 방법의 하나인 '참선'은 아무런 종교적 의례도 소용 없고, 모든 형식과 온갖 법칙에서 뛰어난 가장 자유자재(自由自在)하고 끝없이 둥글고 밝고 큰 길이다. 이것을 '종교'라거니 '철학'이라거니, 또는 무슨 이름이라도 말하는 이에게 일임(一任)하거니와, 팔만대장경을 자세하게 가르치고도 "49년 동안에 한 말씀도 한 일이 없노라" 하신 석가여래의 말씀을 어떻게 전하여 보며, '불립문자(不立文字)'라 하여 말이나 글을 아주 부인하면서도 수천 권의 어록(語錄)을 적어 놓은 종사(宗師)들의 참뜻을 어찌 밝힐 것인가?

아! 성경을 번역하는 일이 참으로 어렵지 아니하랴! 예로부터 다섯 가지 번역하지 못하는〔五種不飜〕 규정도 있거니와, 번역할 수 있는 것이라도 "다섯 가지 손실과 세 가지 쉽지 못한 것〔五失三不易〕이 있다" 하였고, 번역하는 법사(法師)의 자격도 "여덟 가지를 갖추고 열 가지 조건이 맞아야〔八備十

條] 한다" 하였다. 중국에 불법이 들어온 지 수천 년 동안 많은 삼장법사가 있었으나, 먼저는 구마라습(鳩摩羅什)을 일컫게 되고 뒤에는 현장(玄奘)을 세울 뿐이다. 그러나 구마라습의 의역(意譯)은 "원문에 대조하면 오직 비슷한 곳이 있을 뿐이다" 하였고, 현장의 직역(直譯)은 "남의 씹던 밥을 받아먹는 것 같아서 맛이 없다"고 하였다. 하물며 말을 여의고 뜻이 끊어진 선학(禪學)을 번역하는 어려움이야 더 말하여 무엇하랴? 그러나 우리는 널리 스승님들께 묻고 많은 글을 참고하여, 열 번 지우고 백 번 고쳐서 정성과 힘을 다한 뒤에야 이 글을 세상에 내놓게 되었으나, 아래와 같은 여러 가지를 독자에게 일러두고 싶다.

이 글은 첫머리가 어렵게 되어 있기 때문에 처음 공부하는 이가 물러서기 쉽다. 그러나 끝까지 보고 또 보면 반드시 선열(禪悅)의 참 맛을 얻어 기뻐서 뛰는 날이 있을 줄 믿는다.

참선은 불교 신도만이 하는 것이 아니다. 아무 종교 신자나 어떤 직업이나 무슨 일을 하면서도 어디서나 아무 때나

다 할 수 있는 것인즉, 이 글에서 취미를 얻지 못할지라도 계속하여 읽는다면 누구나 '참 나〔眞我〕'를 발견할 것이며, 우주만유(宇宙萬有)의 최고 진리를 알아낼 것이다. 설사 그리 못 되더라도 종교 신앙으로 위안이나 바라고, 은혜나 빌고 있지는 않을 것이다.

단기 4280(1947)년 중추가절에
옮긴이 龍潭 謹書

일러두기

一, 이 글은 글자마다 새기지 않고 뜻만 옮기도록 힘썼다. 그러나 어디까지나 원문에 충실하였다.

一, 한 가지 죄송한 바는, 원문의 평(評) 가운데 입측오주(入廁五呪)와 변소에 다녀와서 깨끗이 하는 법을 율문(律文)에서 끌어온 것이 있는데, 그것은 옛날의 수도승단(修道僧團)을 표준한 것으로, 중요한 것이 아니므로 번역은 생략하였다.

一, 글은 현대의 표준말로 썼다. 그러나 사투리나 옛말이라도 살려서 보급시킬 필요가 있는 것과 불교계의 독자적 발음들은 그대로 썼다. 그리하여 조선어학회의 엄밀한 교정을 받았다.

一, 원문에 게송으로 된 것은 될 수 있는 대로 게송체로 옮겼다. 원문의 게송들은 넉 자, 다섯 자, 혹은 일곱 자로 되어 있는데, 번역하는 데도 대체로 원문의 낱 구절과 같은 글자 수의 한글 게송으로 만들었고, 서산대사의 게송 한 편은 시조로 옮겨 보았다.

一, 이 글은 선법을 처음 듣는 이에게 맞도록 가장 쉬운 말로 썼으나, 그래도 출처가 있는 말이라든가 어려운 술어(述語)가 하도 많으므로 이와 같은 낱말에 대하여 역주(譯註)를 써넣었다.

一, 역주는 간단히 하면서도 잘 알도록 힘썼다. 더구나 종사들의 사적 같은 것은 발심하고 닦아 나아가는 데 도움이 많을 것 같아서 요긴한 사실을 많이 들어 보였다. 특히 지금까지 역사적이나 지리적 관념이 박약하였던 폐단에 비추어 분명한 연대와 지명을 표시하였다.

一, 우리 교단이 지금까지 한문에는 그처럼 중독이 되면서도 장경의 근본 원문이 되는 범어(梵語)나 팔리어(巴利語)에 대하여 전혀 무관심한 것이 하도 애달파, 될 수 있는 대로 본래의 원음을 표시하려고 힘썼다.

一, 격외선(格外禪) 도리에 가까운 말들은 절대로 해석하지 않는다. 그것을 따져보고 연구하려고 하여서는 안 된다. 참다운 공부로써 깨쳐야 하는 것이다.

一, 오종(五宗)의 전법계통(傳法系統)에 있어 원문은 사실(史實)과 맞지 않는 곳이 적지 않은데, 이것을 본문에는 그대로 두고 '역주'에는 밝혔다.

차 례

역자해설 5
일러두기 8
서문 13
본문 15
발문 217
서산스님 약력 222
사명스님 약력 227
용담스님의 《선가구감》을 다시 펴내며 /석주스님 231

서 문

　옛날에 부처 배우는 이들은 부처님의 말씀이 아니면 말하지 않았고, 부처님의 행실이 아니면 행하지 않았었다. 그러므로 그들이 보배로 여기는 것은 오직 패엽(貝葉)의 거룩한 글뿐이었는데, 지금 부처 배우는 이들은 전하여 가면서 외우는 것이 세속 선비들의 글이요, 청하여 지니는 것이 벼슬아치들의 시뿐이다. 그리하여 그것을 울긋불긋한 종이에 쓰고 얼룩덜룩한 비단으로 꾸며서, 아무리 많아도 족한 줄을 알지 못하고 가장 큰 보배로만 생각하니 아, 예와 지금에 부처 배우는 이들의 보배 삼는 것이 어찌 이다지도 같지 않을까?
　내가 비록 답지 못하나 옛글에 뜻을 두어 패엽의 거룩한 글로써 보배를 삼기는 하지마는, 그 글이 너무도 번다하여 장경 바다가 하도 넓고 아득하므로, 뒷날의 도반들이 가시를 헤쳐가면서 잎을 따는 수고를 면하지 못할 것 같아서, 글 가운데 가장 요긴하고도 간절한 것 수백 마디를 추려서 한 장에 써놓고 보니, 참으로 글은 간단하나 뜻은 두루 갖추어졌다고 할 만하다. 만일 이 글로써 스승을 삼아 끝까지 연구하여 묘한 이치를 깨닫게 된다면, 마디마디에 산 석가여래가 나타나실 것이니 부디 힘써 볼지어다. 그러나 글자를 떠난 한마디와 틀에 벗어난 기묘한 보배는 쓰지 않으려는 것도 아니지만, 아직 특별한 기틀을 기다릴 수밖에 없다.

　　　　　　　　　　가정(嘉靖) 갑자(1564)년 여름
　　　　　　　　　　청허당 백화도인 씀

序

古之學佛者는 非佛之言이면 不言하고 非佛之行이면 不行也라 故로 所寶者가 惟貝葉靈文而已러니 今之學佛者는 傳而誦則士大夫之句요 乞而持則士大夫之詩라 至於紅綠으로 色其紙하며 美錦으로 粧其軸하야 多多不足하야 以爲至寶하니 吁라 何古今學佛者之不同寶也여 余雖不肖나 有志於古之學하야 以貝葉靈文으로 爲寶也나 然이나 其文이 尙繁하고 藏海汪洋하야 後之同志者가 頗不免摘葉之勞故로 文中에 撮其要且切者數百語하야 書于一紙하니 可謂文簡而義周也라 如以此語로 以爲嚴師하야 而研窮得妙則句句에 活釋迦存焉이라 勉乎哉인저 雖然이나 離文字一句와 格外奇寶는 非不用也나 且將以待別機也하노라.

　　　　　　　　嘉靖 甲子 夏 淸虛堂 白華道人 序

선가구감[1]

조계 퇴은 지음

1.

여기 한 물건이 있는데, 본래부터 한없이 밝고 신령하여, 난 것도 아니며 죽음도 없었다. 이름 지을 길 없고 모양 그릴 수도 없다.

有一物於此하니 從本以來로 昭昭靈靈하야 不曾生不曾滅이라 名不得狀不得이로다

註解

한 물건이란 무엇인가? ○[2] 옛 어른이 송(頌)하기를,
　옛 부처[3] 나기 전에
　뚜렷이 밝았도다
　석가[4]도 몰랐거니
　가섭[5]이 전할손가

이것이 한 물건의 난 것도 아니며 죽음도 없고, 이름 지을 길도, 모양 그릴 수도 없는 까닭이다.

  육조스님[6]이 대중에게 묻기를, "나에게 한 물건이 있는데, 이름도 없고 모양도 없다. 너희들이 알겠느냐?" 하매, 신회선사[7]가 곧 나와 대답하기를, "모든 부처님의 근본이요, 신회의 부처 성품이올시다" 하였으니, 이것이 육조의 서자가 된 까닭이다.

  회양선사[8]가 숭산(嵩山)으로부터 와서 뵈오니, 육조가 묻기를, "무슨 물건이 이렇게 왔는고?" 할 때에, 회양은 어쩔 줄 모르다가 8년만에야 깨치고 나서 말하기를, "가령 한 물건이라 하여도 맞지 않습니다" 하였으니, 이것이 육조의 맏아들이 된 까닭이다.

  一物者는 何物고 ○ 古人이 頌云, 古佛未生前에 凝然一相圓이라 釋迦도 猶未會어니 迦葉이 豈能傳가 하니 此一物之所以不曾生不曾滅이라 名不得狀不得也라 六祖가 告衆云하사대 吾有一物하니 無名無字라 諸人은 還識否아하니 神會禪師가 卽出曰, 諸佛之本源이요 神會之佛性이니다하니 此所以爲六祖之孼子也라 懷讓禪師가 自嵩山來하니 六祖問曰, 什麼物이 伊麼來오 師는 罔措라가 至八年에사 方自肯曰, 說似一物이라도 卽不中이니다 하니 此所以爲六祖之嫡子也라

頌

삼교의 성인[9]들이 모두 이 말에서 나왔느니라.
뉘라서 말할텐가?
눈썹이 빠질라!

三敎聖人이 從此句出이니라 誰是擧者오 惜取眉毛하라

譯註

1) 선가구감 : 이 글 이름을 선가구감이라 한 뜻은 '참선(參禪)하는 이들의 거북등과 거울' 이란 말이니, 거북등은 좋고 궂은 것을 판단하려고 점칠 때에 흔드는 것이요 거울은 얼굴에 때가 묻었거나 흠이 생긴 것을 알려고 비추어 보는 것이다. 그러므로 이 글은 부처되려고 발심(發心)한 이가 성불(成佛)이 빨리 될지 늦게 될지 외도(外道)나 마도(魔道)에 떨어지지나 않을지를 판단하는 거북등도 될 것이요, 공부가 잘되어 가는지 못되어 가는지, 무슨 허물이나 어떤 병통이 없는지를 검사하여 볼 수 있는 거울도 될 것이다. 청허스님 자신이 지으신 서문(序文)과 그 상수 제자(上首弟子) 사명스님의 발문(跋文)에도 있는 바와 같이 이 글은 전부가 청허스님이 직접 지으신 것이 아니요, 대장경(大藏經)과 조사어록(祖師語錄) 가운데서 요긴한 것을 추려모은 것으로, 처음에는 원 대문만 써놓았다가 다시 대문마다 주해(註解)를 달고 평론도 붙였다. 이 글이 참으로 요긴하여 보배답기 때문에 서적 발간이 아주 융성하였을 뿐 아니라 불교에 대한 박해가 심하던 조선시대에 있어서도 이 글만은 여러 가지 판본(版本)이 되어 아직 적지 않게 남아 있다. 그 속에 대표적인 것을 들

어본다면, 첫째로 원적사본 같이 순 한문으로 되어 원 대문 주해와 평론이 갖추어져 있는 것이다. 둘째는 청허스님의 사제(師弟)되시는 부휴선수(浮休善修) 대사가 교정한 언해본(諺解本)인데, 원 대문이 훨씬 많고 주해는 비교적 간단하며, 상하 두 권으로 되어 있고, 한문으로 된 원 대문에 한글로 토를 달고, 주해는 국한문으로 썼는데, 삼백여 년 전의 말인지라 지금 와서 그 글을 보기는 순한문 보기보다도 더 어렵게 되었다. 셋째는 『삼가구감(三家龜鑑)』이라고 유불선(儒佛仙)의 삼교에 대하여 각각 요긴한 것을 추려모은 글 가운데 불교편으로 쓴 것인데, 그것은 언해본에 있는 원 대문만을 순한문으로 만든 것이다. 이제 우리가 번역하는 것은 가장 많이 보급되어 있는 첫째를 으뜸으로 하고, 다른 것을 참고로 하였다. 이 글이 중국과 일본에는 많이 퍼져서 일본에서는 번역과 강의가 많이 나왔고, 종교학교에서 교과서로 쓰기도 한다. 그러나 정작 우리나라에서는 지금 와서 강당(講堂)이나 선원(禪院) 할 것 없이 외국 저술은 공부하면서 이 글을 숭상하는 이가 아주 적음은 참으로 안타까운 일이다.

2) ○ : 이것을 일원상(一圓相)이라 하는데, 삼조 승찬대사(僧璨大師)의 『신심명(信心銘)』에 "허공같이 뚜렷하여 모자랄 것도 없고, 남을 것도 없다(圓同太虛 無欠無餘)"라고 한 말이 있다. 마음이라거니, 성품이라거니, 진리라거니, 도(道)라거니 하여 억지로 이름을 붙였으나, 어떤 이름도 맞지 않고 무슨 방법으로도 그 참 모양을 바로 그려 말할 수 없는 것이다. 그것이 무한한 공간에 가득 차서 안과 밖이 없으며, 무궁한 시간에 사뭇 뻗쳐서 고금(古今)과 시종(始終)이 없고, 또한 크다 작다 · 많다 적다 · 높다 낮다 시비할 수 없으며, 거짓이라 참이라 · 망령되다 거룩하다 하는 모든 차별을 붙일 길이 없는 것이므로, 어쩔 수 없이 한 동그라미로써 그것을 표시한 바이다. 이

것을 좀 자세히 설명하기 위하여 혜충국사(慧忠國師)는 아흔일곱 가지 그림으로써 가르쳐 보이기도 하였다. 그러나 아무리 애를 써도 그 전체를 바로 가르칠 수가 도저히 없기 때문에, 이것을 가르치려고 한다면 '입을 열기 전에 벌써 그르쳤다(未開口錯)'고 하는 것이며, 또한 '도는 알거나 알지 못하는 데 있지 않다(道不屬知不知)'라고 하는 것이다. 깨쳐서 부처가 된다고 하지만, 깨친 바가 있다면 부처가 될 수 없다. 그리하여 "석가여래도 몰랐고 모든 조사(祖師=聖賢)들이 그 법을 전하거나 받지 못한다"고 하는 것이니, 이것이 아는 것이나 알지 못하는 것을 다 뛰어나는 뜻이다. 불교의 목적은 부처님을 믿으라는 것이 아니다. 누구나 다 부처가 되고, 부처에서까지 뛰어나야 하는 것이다. 그러므로 이 '일원상'의 이치를 철저히 알면 팔만대장경이나 모든 성인이 무슨 소용이 있으랴.

3) 부처 : 범어 붓다(Buddha)의 음을 따라 한자로 불타(佛陀)·부도(浮圖, 浮屠)·부타(浮陀)·발타(勃陀)·몰타(沒馱) 등으로 쓰고, 줄여서 불(佛)이라고만 하는데, '깨친다'는 말이다. '부처님'이라 함은 '깨친 어른(覺者)'이란 뜻이다. 가장 크고 높고 참된 이치를 자기가 깨치고 남들까지 깨치게 하여, 그 지혜와 복이 끝없이 원만하고 이치와 일에 두루 걸림없는 이를 말함이니, 그 참 이치를 가르쳐서 누구나 부처가 되고, 어디나 밝고 깨끗하고 평등하고 싸움 없는 세상이 되게 하는 것이 부처님의 가르치심, 곧 불교(佛敎)다.

4) 석가(釋迦) : 범어로 샤카무니(Śākyamuni)를 한문으로는 음대로 써서 석가모니(釋迦牟尼), 또는 석가문(釋迦文)이라 하고, 줄여서 석가(釋迦)라 한다. 뜻으로 번역하여 능인적묵(能仁寂默), 또는 능적(能寂)·능유(能儒)라 한다. 석가는 종족(種族)의 이름이고, 모니는 존칭이니, 곧 '석가 종족에서 나신 거룩한 어른'이란 뜻이다. 서력

기원전 565년〔중성점기(衆聖點記)를 표준한 연대〕에 중인도 가비라(迦毘羅) 성주 정반왕(淨飯王)의 태자로 나시었다. 난 지 7일만에 어머니 마야부인(摩耶夫人)을 잃고, 이모인 파사파제(波闍波提)로부터 자라났다. 어릴 때 이름은 싣달다(悉達多)라 하였다. 어려서 온갖 학문과 무예를 고루 배워서 정통하고, 열일곱 살에 선각왕(善覺王)의 딸 야수다라(耶輸陀羅)와 결혼하여 한 아들을 두었다. 그 나라의 제도에 종교와 학문을 차지한 바라문족과, 정치와 군사를 차지한 왕족과, 그 다음으로 평민과 노예족의 네 가지 계급이 있었으므로, 이것을 개혁할 뜻을 늘 품고 있었다. 하루는 농부들이 밭 가는 것을 보고, 똑같은 사람으로 어떤 이는 불볕에 죽도록 일하고, 어떤 이는 놀기만 하는 것이 옳지 못한 것과, 사람이 동물을 학대하는 참혹한 일을 아프게 생각하여, 모든 것이 평등하고 싸움과 슬픔이 없는 세상을 만들려고 국가와 사회 문제에 대하여 번민하였다. 다시 인간에는 살아가고 늙고 병들어 죽는 큰 고통이 있음을 느껴, 누구나 다같이 참다운 행복을 누리게 할 도리를 찾고 있었다. 그리고 우주의 온갖 것에 대하여 생각함에 갈수록 의문 아님이 없었다. 그리하여 이 모든 문제들을 해결하려고, 드디어 열아홉에 왕궁을 뛰쳐나와 산중으로 갔다. 처음 6년 동안은 바라문 교도들이 하는 대로 심한 고행(苦行)을 하다가, 육체를 괴롭히는 것만이 바른 길이 아님을 깨닫고, 몸을 붙들어 가면서 마음을 닦아 서른 살에 비로소 우주의 진리를 크게 깨쳐서 마침내 부처님이 되었다. 그 뒤 49년 동안 발벗고 쉴 새없이 돌아다니면서 묘한 법을 가르쳐 한량없는 중생을 건지시고, 80세(기원전 486년)에 육신은 세상을 떠났다.

5) 가섭(迦葉) : 범음으로 마하카사파(Mahākāśyapa)인데, '카사파'는 성(姓)이요, '마하'는 크다는 말이니, 다섯 형제 가운데 맏이요,

부처님의 십대제자 가운데서도 의・식・주를 극도로 검박하게 하고, 용맹정진(勇猛精進)하는 두타행(頭陀行) 제일이었으며, 부처님의 의발(衣鉢)을 받은 상수(上首) 제자로서 부처님 이후의 법통(法統)을 말할 때에는 그가 초조(初祖)가 된다.

6) 육조(六祖) : (638~713). 중국의 선종(禪宗)은 달마(達摩)대사를 초조로 삼고, 그로부터 6대 되는 혜능(慧能)을 육조라고 한다. 그는 속성이 노(盧)씨이고, 지금의 광동성(廣東省) 조경부(肇慶府) 신흥(新興)에서 태어났다. 세 살에 아버지가 죽고 집이 가난하여 공부하지 못하고, 매일 나무를 팔아서 어머니를 봉양하였다. 24세 때에 장터에서 어떤 사람이 『금강경』 읽는 것을 듣고 깨친 바 있어, 그 사람의 지시로 양자강을 건너 황주부(黃州府) 황매산(黃梅山)에 가서 오조 홍인대사(弘忍大師)를 뵙고, 그의 시키는 대로 8개월 동안이나 방아를 찧고 있었다. 오조가 법을 전하려고 제자들의 공부를 시험하는데, 교수사(敎授師)로 있는 신수(神秀)는 글 짓기를 "몸은 보리의 나무, 마음은 밝은 거울, 부지런히 닦아서, 티끌 묻지 않도록〔身是菩提樹 心如明鏡臺 時時勤拂拭 勿使惹塵埃〕"이라 하였다. 이때 노행자(盧行者)는 "보리 나무 없는 것, 마음 거울 비인 것, 아무것도 없는데, 티끌 어디 묻으랴〔菩提本無樹 明鏡亦非臺 本來無一物 何處惹塵埃〕"라고 지었다. 오조는 그를 인가(印可)하고 석가여래의 법통을 표시하는 의발을 전해 주었다. 그는 남방으로 돌아가서 18년 동안이나 숨어 지내다가 비로소 중이 되어 소양(韶陽)의 조계산(曹溪山)에서 선법(禪法)을 크게 일으키니, 견성(見性)하여 그 법을 이은 제자만 40여 명이 있었다. 당나라 현종(玄宗) 개원(開元) 1년에 76세로 입적하였다.

7) 신회(神會) : (686~760). 선사(禪師). 하택(荷澤)선사라고도 한다.

호북성(湖北省) 양양부(襄陽府) 고(高)씨의 집에서 났다. 어려서 유교(儒敎)와 도교(道敎)의 글에 정통하였는데, 『후한서(後漢書)』를 보다가 불교의 묘한 이치를 알고 출가하여 경을 많이 숭상하였다. 처음에는 형주(荊州)의 옥천사(玉泉寺)에 가서 3년 동안이나 신수(神秀)대사를 모시고 있다가, 그가 측천황후(則天皇后)의 청을 받고 서울로 가게 되자 그의 지시로 육조의 법회로 갔다. 그때의 나이가 13세라고도 하고 44세였다고 한다. 육조의 법을 받은 뒤에 남양(南陽)의 용흥사(龍興寺)와 낙양(洛陽)의 하택사에 있으면서 육조의 종지를 크게 드날려, 신수의 종지가 쓰러지게 되었다. 어사(御史) 노혁(盧奕)의 무고(誣告)로 여러 해 동안 귀양살이를 하였고, '안록산(安祿山)의 난' 때에는 군비와 군수품을 많이 모집하여 나라에 바쳤다. 저술로는 『현종기(顯宗記)』 1권, 『신회어록(神會語錄)』 3권, 『하택미결(荷澤微決)』 1권이 있다. 그의 문하에 유능한 이가 많아서 한 동안(150년 가량) 하택종이 큰 세력을 떨쳤었다.

8) 회양(懷讓) : (677~744). 선사(禪師). 섬서성(陝西省) 흥안부(興安府) 두(杜)씨 집에서 태어났다. 16세에 출가하여 육조의 법회에 가서 8년만에야 견성하고 그 법을 받아, 전후 15년 동안 모시고 지내다가 남악(南嶽) 반야사(般若寺) 관음대(觀音臺)에서 교화하니, 그 법을 받은 제자가 아홉 분이 있었다. 그 가운데는 신라의 본여(本如) 선사가 있다.

9) 삼교성인(三敎聖人) : 불교의 석가여래와 도교의 노자(老子), 유교의 공자(孔子)를 말한다.

2.

부처님과 조사가 세상에 나오심은 바람 없는데 물결을 일으킨 것이다.

佛祖出世가 無風起浪이니라

註解

　부처님은 석가여래이시고, 조사는 가섭존자이시다. 세상에 나오신다는 것은 크게 어여삐여기시는 마음으로써 근본을 삼아 중생을 건지심을 말함이다. 그러나 한 물건으로써 따져본다면, 사람마다 본래면목이 저절로 뚜렷이 이루어졌거늘, 어찌 남이 연지 곤지 찍어 주기를 기다리랴. 그러므로 부처님이 중생[1]을 건지신다는 것이 공연한 짓인 것이다. 『허공장경』[2]에 말씀하기를, "문자도 마[3]의 업[4]이요, 이름과 형상[5]도 마의 업이요, 부처님의 말씀까지도 마의 업"이라고 한 것이 이 뜻이다.

　이것은 본분[6]을 바로 들어보일 때에는 부처님이나 조사도 아무 소용 없는 것을 말함이다.

佛祖者는 世尊迦葉也라 出世者는 大悲爲體하야 度衆生也라

然이나 以一物觀之則人人面目이 本來圓成커니 豈假他人의 添脂着粉也리요 此가 出世之所以起波浪也라 虛空藏經云, 文字는 是魔業이요 名相도 是魔業이라 至於佛語하야도 亦是魔業이라 함이 是此意也라 此는 直擧本分인데 佛祖도 無功能이라

頌

하늘 땅이 빛을 잃고
해와 달도 어둡구나

乾坤이 失色이요 日月이 無光이로다

譯註

1) 중생(衆生) : 참 성품을 잃어버리고 망령된 온갖 생각이 분주하게 일어났다 꺼졌다 하기 때문에, 온갖 세계에 돌아다니면서 났다 죽었다 하는 무리들. 곧 정식(情識)이 있는 것들을 모두 중생이라 한다. 그러므로 사람뿐 아니라 모든 동물과 귀신들과 하늘 사람들까지 합쳐서 하는 말인데, 유정(有情)·함령(含靈)·함식(含識)·군생(群生)·군맹(群萌)·군품(群品) 같은 여러 가지 말로도 쓴다. 부처님은 구제의 대상을 인류에게만 한정하는 것이 아니라, 이와 같은 중생 전부를 가르치고 건지시는 것이다.

2) 허공장경(虛空藏經) : 범어로 아카사가르바수트라(Ākāsagarbha-sūtra). 요진(姚秦) 때의 불타야사(佛陀耶舍)가 번역한 『허공장보살경』1권을 말하며, 같은 글의 다른 번역이 여러 가지가 있다. 이 경의 대의는, 허공장보살이 일체향집의(一切香集依) 세계로부터 석가

여래의 법회에 나타나자, 이 세계는 모두 정토(淨土)로 변하고 여러 대중의 손에는 여의주(如意珠)가 있게 된다. 그리고 대승법에 대한 문답을 수록하고 있다.

3) 마(魔) : 범어 마라(māra)의 음대로 써서 '마라(魔羅)' 라 하였고, 다시 줄여서 마(魔)라고 하는데, 목숨을 빼앗고 착한 일을 방해하고 모든 것을 파괴하는 악마를 말한다. 그러나 '마' 는 밖에서 오는 것이 아니라 우리의 마음에서도 생기는 것이다.

4) 업(業) : 범어 카르마(karma), 팔리어 캄마(kamma). 음을 따라 갈마(羯磨)라고 하며, '짓다(作)' 의 뜻이다. 중생들이 몸으로나 말로나 뜻으로 짓는 온갖 움직임〔動作〕을 업이라 한다. 개인은 이 업으로 말미암아 나고 늙고 병들고 죽는〔生老病死〕모든 운명과 육도(六道)의 윤회(輪廻)를 받게 되고, 여러 중생이 같이 짓는 공업(共業)으로 인하여 사회와 국가와 세계가 건설되고 진행되며 쇠퇴하거나 파멸되기도 하는 것이다. 그러므로 부처님께서 처음에는 악업(惡業)을 짓지 말고 선업만 지으라고 가르치다가, 필경에는 악과 선을 모두 뛰어나고 죄와 복에 함께 얽매이지 말아서 온갖 국집과 애착을 다 버리도록 하며, 부처님의 말씀에까지라도 걸리지 말라고 하신 것이다.

5) 이름과 형상〔名相〕: 모든 물건이나 일은 이름과 형상이 있는 것이다. 우리는 그 이름만 들으면 그 사물의 형상을 생각하게 되는데, 형상이란 것은 바탕과 모양이 있고 없고를 막론하고, 공간적으로 있는 형용체 · 질량(質量)뿐 아니라, 시간적으로 나타나는 나고 머물고 늙고 죽는 것이나, 시작되고(成) 진행하고(住) 쇠퇴하고(壞) 파멸하는(空) 것도 형상이며, 오관(五官)으로 감촉하게 되는 열도(熱度) · 소리(音響) · 빛(色) · 냄새(香) · 맛(味) 같은 것도 또한 형상이다.

그러나 이 이름이나 형상은 그 자체가 본래 확실히 있는 것이 아니라, 우리의 망령된 생각이 지어낸 빈 이름이며, 한때의 인연을 따라 생겨난 거짓 형상인 것이다.

6) 본분(本分) : 부처라 중생이라 하는 것은 꿈속에서 하는 말이다. 본래 어둡고 밝고 알고 모를 것이 없으며, 온갖 속박과 고통을 새로 끊을 것이 없고, 대자유(大自由)·대해탈(大解脫)을 비로소 얻는 것도 아니다. 누구나 본래부터 그대로 부처인 것이다. 그러므로 '근본 깨달음〔本覺〕'이라 하기도 하는데, 앞에서 말한 '일원상'은 이것을 나타냄이다.

3.

그러나 법에도 여러 가지 뜻이 있고, 사람에게도 온갖 바탕이 있는 터이라, 여러 가지 방편을 벌리지 않을 수 없다.

然이나 法有多義하고 人有多機하니 不妨施設이로다

註解

법[1]이란 것은 한 물건이요, 사람이란 것은 중생이다. 법에는 변하지 않는 것과 인연을 따르는 것[2]의 두 가지 이치가 있고, 사람에는 몰록 깨치는 이와 오래 닦아야 하는[3] 두 가지 기틀이 있으므로, 문자나 말로써 가르치는 여러 가지 방편이 없을 수 없다. 이것이 옛말에 이른바, "공사에는 바늘 끝만큼이라도 용서할 수 없으나, 사정으로는 수레도 오고가고 한다"는 것이다. 중생이 아무리 본래부터 뚜렷이 이루어졌다고 하지만, 천생으로 지혜의 눈이 없어서 윤회[4]를 달게 받는 것이다. 만약 세상에서 뛰어난 금칼[5]이 아니라면, 뉘라서 무명[6]의 두꺼운 껍질을 벗겨 주랴. 고생 바다를 건너서 즐거운 저 언덕에 오르는 것은, 모두 부처님의 크게 어여삐 여기시는 은혜를 입는 때문이다. 그러므로 한량없는 목숨을 바치더라도 그 은혜의 만분의 하나를 갚을 수 없는 것이다.

　이것은 새로 닦는[7] 이치를 널리 들어서 부처님과 조사들의 깊은 은혜를 감사하여야 할 것을 말한 바이다.

　法者는 一物也라 人者는 衆生也라 法有不變隨緣之義하고 人有頓悟漸修之機라 故로 不妨文字語言之施設也라 此가 所謂官不容針이나 私通車馬也라 衆生이 雖曰圓成이나 生無慧目하야 甘受輪轉故로 若非出世之金鎞면 誰刮無明之厚膜也리오 至於越苦海而登樂岸者가 皆由大悲之恩也라 然則恒河沙身命으로 難報萬一也라

　此는 廣擧新熏의 感佛祖深恩이라

頌

임금님이 나오시니
백성들이 노래하네

王登寶殿하니 野老謳歌로다

譯註

1) 법(法) : 범어 다르마(dharma), 팔리어 담마(dhamma)의 음을 따라 달마(達磨·達摩), 또는 담무(曇無)로 써 왔다. 온갖 것을 총칭하여 이르는 말이니, 온갖 일과 모든 물질과, 온갖 이치와 옳은 것〔是〕, 그른 것〔非〕, 참된 것〔眞〕, 거짓된 것〔妄〕이 모두 이 '달마'에 들어 있다. 그러나 흔히 부처님이 가르친 교리만을 법이라고도 한다.

2) 변하지 않는 것과 인연을 따르는 것〔不變隨緣〕 : 환경의 온갖 일이나 물질이 나에게 어떤 감촉이나 무슨 교섭이 있을 때에 그것을 연(緣)이라 하며, 이 연에 따라 동작이 일어나고 변천(變遷)이 생기는 것을 인연 따름, 곧 수연(隨緣), 또는 용(用)이라고도 한다. 그러나 순간마다 일어나는 연에 따라 작용은 천 번이나 변하고 만 가지로 고쳐진다 할지라도, 그 참 이치의 당체(當體)는 늘 그대로 고요하고 움직이지 아니하여, 언제 어디서나 변하지 않는 것이다. 이 원리를 진여(眞如)·원적(圓寂)·평등(平等)·적멸(寂滅) 같은 말로써 표시하기도 하고, 주관적으로 말할 때에는 체성(體性)이라고 한다.

3) 몰록 깨치는 이와 오래 닦아야 하는〔頓悟漸修〕 : 불도를 닦아 나아가는데 그 사람의 바탕(기질)을 따라, 차츰차츰 여러 계단을 밟아 올라가서 나중에 대각(大覺)을 이루는 것을 '오래 닦음', 곧 점수(漸修)라

하고, 단번에 크게 깨쳐서 한 뜀에 부처가 될 수 있는 것을 '몰록(단박) 깨침', 곧 돈오(頓悟)라고 한다. 이치는 비록 돈오하였더라도 오랫동안 익혀온 버릇, 곧 다생(多生)의 습기(習氣)는 일시에 완전히 끊어버릴 수가 없고, 현실의 사물 처리에 자유자재하기 어렵기 때문에 오래오래 닦아 나아가야 한다. 그러므로 결국은 누구나 '점수'가 되는 것이다. 그러나 깨치지 않고는 옳게 닦을 수가 없는 것이므로 조사스님들은 닦는 것보다 깨치는 것을 주요하게 말하는 바이다.

4) 윤회(輪廻) : 세상의 온갖 물질과 모든 세력(勢力)은 어느 것이나 아주 없어져버리는 것이 하나도 없다. 오직 인과(因果)의 법칙에 따라 서로 연쇄관계(連鎖關係)를 지어 가면서 변하여 갈 뿐이다. 마치 물이 수증기가 되고 구름이 되고 비가 되어, 또다시 물·수증기·구름·비가 되듯 모든 것은 돌아다니는 것이다. 우리의 업식(業識)도 육체가 분해될 때에 아주 없어지는 것이 아니다. 모든 중생들은 온갖 생각이 일어났다 꺼졌다 하므로 쉴 새 없이 번민과 고통 속에서 지내다가, 육신이 죽으면 생전에 지은 업을 따라 지옥·아귀·축생·수라·천상 또는 다시 인간으로 수레바퀴 돌듯 돌아다니게 된다. 그러나 성품을 깨쳐서 생각이 일어났다 꺼졌다 하는 바가 없게 되면 윤회는 끊어지는 것이다.

5) 금칼〔金鎞〕: 옛날 인도의 의사들이 안과(眼科) 수술을 할 때에 쓰던 금으로 만든 '메스'이다.

6) 무명(無明) : 범어로 아비댜(avidyā)인데, '어리석은 마음' '어두컴컴한 마음'을 이름이다. 『기신론(起信論)』에는 이것을 두 가지로 나누어, 법계(法界)의 참 이치에 어둡게 된 맨 처음 한 생각을 근본무명(根本無明)이라 하고, 이 근본무명으로 말미암아 가늘거나 거칠거나 한 온갖 망령된 생각이 일어나는 것을 지말무명(枝末無明)이

라 하였다.

7) 새로 닦는〔新熏〕: 어떤 중생이나 다 저절로 뚜렷한 본래면목(本來面目)은 부처님과 털끝만큼도 다를 것이 없다. 그것을 본각(本覺)이라 한다. 그러나 무명의 업장(業障)이 두터운 중생은 불보살의 교화를 받아서 발심(發心)하고 부지런히 닦아 비로소 크게 깨치는〔大覺〕 부처의 열매〔佛果〕를 새로 맺게 되는 것이다. 이것을 시각(始覺)이라 하는데, 시각을 이루는 수단 방법이 새로 닦는 것, 곧 신훈(新熏)이다.

4.

억지로 여러 가지 이름을 붙여서 마음이라 부처라 중생이라 하였으나, 이름에 얽매여서 알음알이 낼 것이 아니다. 다 그대로 옳은 것이다. 한 생각이라도 일으키게 되면 곧 어긋나 버린다.

强立種種名字하야 或心或佛或衆生이라 하나 不可守名而生解니 當體便是라 動念卽乖니라.

註解

한 물건에 억지로 세 가지 이름을 붙인 것은 부처님 말씀

〔教法〕의 부득이한 일이요, 이름에 얽매여서 알음알이 내지 말라는 것은 선법(禪法)의 부득이한 일이다. 한 번 들어보고 한 번 눌러놓으며 갑자기 세우고 갑자기 깨뜨리는 것이, 모두 법왕[1]이 내리시는 법령의 자유자재한 까닭이니라.

이것은 윗것을 맺고 아랫것을 일으켜서, 부처님과 조사들의 방편이 각각 다른 것을 말한 바이다.

一物上에 强立三名字者는 敎之不得已也라 不可守名生解者는 亦禪之不得已也라 一擡一搦하며 旋立旋破는 皆法王法令之自在者也라

此는 結上起下하야 論佛祖事體各別이라

頌

오랜 가뭄에 단비 내리고
천리 타향에서 친구 만났네

久旱에 逢佳雨요 他鄕에 見故人이로다

譯註

1) 법왕(法王) : 범어로 다르마라자(dharmarāja)이니, 부처님은 진리 곧 법을 가장 밝게 깨치시고 법을 걸림없이 쓰시고 법을 널리 가르쳐, 법에 있어 제일 높은 어른이므로 '법의 임금님'이라고 존칭한

바이다. 또한 모든 세속 임금들에게도 큰 스승이 되고, 온갖 성인들 가운데서도 으뜸이 되므로 법왕이라 한다.

5.

세존께서 세 곳에서 마음을 전하신 것이 선지[1]가 되고, 부처님께서 일생 동안 말씀하신 것이 교문[2]이 되었다. 그러므로 '선'은 부처님의 마음이요, '교'는 부처님의 말씀이다.

世尊 三處傳心者는 爲禪旨요 一代所說者는 爲敎門이라 故曰, 禪是佛心이요 敎是佛語니라.

註解

세 곳이란 것은 다자탑 앞에서 자리를 절반 나누어 앉으심[3]이 첫째요, 영산회상에서 꽃을 들어 보이심[4]이 둘째요, 사라쌍수 아래에서 관곽 속으로부터 두 발을 내어 보이심[5]이 셋째이니, 이른바 가섭존자가 선의 등불을 따로 받았다는 것이 이것이다. 부처님 일생에 말씀하신 것이란 49년 동안 말씀하신 다섯 가지 교이니, 첫째는 인천교[6]요, 둘째는 소승교[7]요, 셋째는 대승교[8]요, 넷째는 돈교[9]요, 다섯째는 원교[10]이다. 이른바 아난존자[11]가 교의 바다를 널리 흐르게 하였다는 것이 이것이다. 그러므로 선(禪)과 교(敎)의 근원은 부처님이시고, 선과 교의 갈래는 가섭존자와 아난존자이다. 말 없음으로써 말 없는 데 이르는 것은 선이요, 말 있음으로써 말 없는 데 이르는 것은 교이다. 또한 마음은 선법이요, 말은 교법이다. 법은 비록 한 맛이라도 뜻인즉 하늘과 땅같이 떨어진 것이다.

이것은 선과 교의 두 길을 가려 놓은 것이다.

三處者는 多子塔前 分半座가 一也요 靈山會上擧拈花가 二也요 雙樹下槨示雙趺가 三也라 所謂迦葉의 別傳禪燈者가 此也라 一代者는 四十九年間所說五敎也니 人天敎가 一也요 小乘敎가 二也요 大乘敎가 三也요 頓敎가 四也요 圓敎가 五也라 所謂阿難의 流通敎海者가 此也라 然則禪敎之源者는 世尊也요 禪敎之派者는 迦葉阿難也라 以無言으로 至於無言者는 禪也요 以有言으로 至無言者는 敎也라 乃至 心是禪法也요 語是敎法也라 則法雖一味나 見解則天地懸隔이니

此는 辨禪敎二途라

頌

놓아 지내지 말라
풀 속에 거꾸러지리라

不得放過하라 草裡橫身하리라

譯註

1) 선지(禪旨) : 범어 디야나(dhyāna)의 음을 따라 선나(禪那)라 쓰고, 줄여서 선(禪)이라고만 한다. 그 뜻은 '고요히 생각하여 닦는다〔靜慮思惟修〕', '악한 것을 버린다〔棄惡〕', 또는 '공덕림(功德林)' 등으로 풀이된다. 진정한 이치를 궁리하고 생각을 안정하게 하여 산란치 않게 하는 것을 말한다. 인도에서는 가섭존자가 전한 선법이 널리 퍼지지 못하고 교법만이 유포되었었는데, 중국에서는 달마대사(達摩大師)가 건너온 뒤로부터 선법이 크게 발달되어 이른바 '조사선(祖師禪)'이 완성되었다.

2) 교문(敎門) : 부처께서 말씀으로써 가르치신 바를 교(敎)라고 한다. 온갖 중생이 각각 그 환경·습관·취미·능력에 따라 누구나 진리의 법당(法堂)에 들어갈 수 있도록 법의 문〔法門〕을 하도 많이 만드셨기에 이것을 팔만사천 법문이라 하고, 그것을 글로 적은 것이 대장경(大藏經)인데, 대장경이 곧 교가 된다.

3) 다자탑 앞에서 자리를 절반 나누어 앉으심〔多子塔前分半座〕: 다자탑은 중인도 비사리성(毘舍離城)의 서북쪽에 있다. 어떤 장자(長者)가 산에 들어가서 도를 닦아 이룬 뒤에, 그 아들 딸 60명이 아버지가 공부하던 곳을 기념하기 위하여 탑을 쌓은 것이다. 부처님께서 그곳에서 설법하실 때에 가섭존자가 헌옷을 입고 늦게 왔는데, 여러 제자들이 그를 낮추어 보았다. 이에 부처님께서 앉으셨던 자리를 나누어 두 분이 함께 앉으셨다.

4) 영산회상에서 꽃을 들어 보이심〔靈山會上擧拈花〕: 범어의 그리느

라쿠타(Gṛdhrakūṭa)를 음대로 써서 기사굴산(耆闍崛山)이라 하고, 뜻으로 번역하여 영축산(靈鷲山)·취봉(鷲峰)이라고만 한다. 그 산 모양이 독수리 같기 때문이라고도 하고, 그 산 위에 독수리가 많았던 탓이라고도 한다. 이 산은 중인도 마갈타국(摩竭陀國)의 서울인 왕사성(王舍城)의 동북쪽 십 리에 있다. 부처님께서 어느 날 이곳에서 설법을 하시는데 하늘에서 꽃비가 내렸다. 부처님께서 그 꽃송이 하나를 들어보이시자, 백만 대중이 모두 무슨 뜻인지 몰라서 어리둥절하였는데, 가섭존자만이 빙그레 웃었다. 이에 부처님은 "바른 법 열반의 묘한 마음을 가섭에게 전한다"고 선언하시었다.

5) 사라쌍수 아래에서 관 밖으로 두 발을 내어 보이심〔沙羅雙樹下槨示雙趺〕: 부처님께서 북부 인도의 쿠시나가르성 서북쪽으로 흐르는 발제하(跋提河, Ajitavati) 물가, 사라수 여덟 그루가 둘씩 마주 서 있는 사이에 침대를 놓게 하고 열반에 드시니, 그 숲이 하얗게 변하였다. 그리하여 학의 숲〔鶴樹〕이라고도 하게 되었다. 부처님의 몸은 금으로 만든 관에 모시고 다시 구리로 지은 덧곽에 모셔두었는데, 가섭존자가 먼 곳에 갔다가 부처님이 열반하신 지 10일만에 당도하여 부처님 관을 세 번 돌고 세 번 절하매, 관곽 속으로부터 두 발을 내어 보이셨다 한다.

6) 인천교(人天敎): 부처님께서 설법하실 때에 처음에는 깊은 이치를 말씀하지 않으시고, 오직 악한 일을 하지 말고 착한 일을 하여 오계(五戒)를 지키면 거룩한 사람이 되고, 십선(十善)을 닦으면 천상에 나서 복을 받게 된다는 것을 가르치셨다.

7) 소승교(小乘敎): 소승(小乘)의 범어는 히나야나(Hinayāna)이며, '작은 수레'라는 뜻이다. 수레는 사람을 태워서 험한 곳을 지나 안전한 곳에 가게 하는 것이나, 작은 수레는 아이들이나 타게 되며, 열

은 물이나 건널 수 있는 것이라, 『법화경』에는 '양의 수레' 와 '사슴의 수레' 라고 하였다. 부처님께서 처음 인천교를 말씀하신 다음으로 옅고 낮은 이치의 길을 가르쳐, 생각을 끊고 마음을 비게 하여 열반(涅槃)의 고요한 즐거움을 얻도록 하셨다. 그 가르침 중 사제법(四諦法)을 깨치면 아라한 (阿羅漢)이 되고, 12인연법(因緣法)을 깨치면 연각(緣覺)이 되는 것이다. 이와 같이 소승에도 두 가지 길이 있으므로 이승(二乘)이라고도 한다. 소승법을 말씀한 대표적 경전은 『아함경(阿含經)』, 『구사론(俱舍論)』, 『성실론(成實論)』, 『사분승계본(四分僧戒本)』, 『사분비구니계본(四分比丘尼戒本)』 등이 있다.

8) 대승교(大乘敎) : 대승(大乘)의 범어는 마하야나(Mahayāna)이며, '큰 수레'를 뜻한다. 큰 원(願)과 큰 뜻을 세워서 나를 희생하여 모든 중생을 즐겁고 편안하게 건져 주겠다는 보살심(菩薩心) 있는 이들을 위하여, 육도(六度)와 만행(萬行)을 닦아 가도록 깊은 이치를 말씀하신 법문이다. 그 대표적인 경전은 『반야경(般若經)』, 『해심밀경(解深密經)』, 『능가경(楞伽經)』, 『기신론(起信論)』, 『범망경(梵網經)』 같은 것들이다. 이 법문을 요약하여 말하면, 이 세상에 온갖 물질과 일이 벌어져 있으나, 낱낱이 현상(現象) 그대로 비어 없는 것이며, 모든 차별된 것이 그대로 다 평등하여 열반인 것이다. 따라서 무엇에나 걸릴 것이 없는 것이다. 소승의 열반이 소극적이며 작고 옅은 것이라면, 대승의 열반은 적극적이며 크고 참된 것이다.

9) 돈교(頓敎) : 특별한 상근대지(上根大智)에 대하여 도를 닦아가는 차제와 계단을 밟지 않고, 모든 지위(地位)를 초월하여 한 뜀에 부처되는〔成佛〕도리를 가르친 법문. 그 대표적인 경전은 『유마경(維摩經)』, 『원각경(圓覺經)』 등이다.

10) 원교(圓敎) : 가장 둥글고 큰 이치를 말씀하여, 밝은 것이나 어두운 것이나, 거짓이나 참이나, 높은 것 짧은 것, 많은 것 적은 것들이 다르지도 않고 같지도 않아서, 온갖 것이 서로 걸림없고〔圓融無碍〕모든 생물과 무생물이 본래 다 성불〔有情無情本是成佛〕한 도리를 밝힌 법문. 그 대표적인 경전은『화엄경(華嚴經)』,『법화경(法華經)』등이다.

11) 아난존자(阿難尊者) : 범어 아난다(Ānanda)의 음을 따라 아난타(阿難陀)로 쓰고, 줄여서 아난(阿難)이라 하며, 뜻으로 번역하여 환희(歡喜) 또는 경희(慶喜)라고 하니, '기쁘다'는 뜻이다. 부처님의 사촌이며 제바달다〔調達〕의 친동생이다. 부처님 성도하시던 날 밤에 태어났고, 스물다섯 살에 출가하여 25년 동안 부처님의 시자(侍者)로 있었으며, 십대제자 가운데에서도 다문제일(多聞第一)로 그 총명이 놀라웠다. 부처님께서 열반하신 뒤에 가섭존자의 주창으로 왕사성 밖에 있는 필발라굴(畢鉢羅窟)에서 오백 성승(聖僧)이 모여 경전을 결집하는데, 아난존자는 그때까지 아직 성과(聖果)를 얻지 못하였으므로 거기에 참석하지 못하고 있다가 가섭존자에게 물었다. "부처님께서 사형(師兄)에게 법을 전하실 때에 금란가사(金襴袈裟) 말고 따로 무엇을 전하신 것이 있습니까?", "아난아.""예?" "문 밖의 찰간(刹竿) 대를 꺾어 버려라!" 그러나 아난은 그 말뜻을 알아듣지 못하였다. 그리하여 간절히 생각한 지 사흘만에야 비로소 크게 깨치고 나서, 회의에 참석하여 경의 결집이 완성된 것이다. 그 후 가섭존자로부터 법통(法統)을 받았다가 상나화수(商那和修)에게 법을 전하였다.

6.

그러므로 만약 누구나 말에서 잃어버리게 되면 꽃을 드신 것이나 빙긋이 웃은 것이 모두 교의 자취만 될 것이요, 마음에서 얻으면 세상의 온갖 잡담이라도 모두 교 밖에 따로 전한[1] 선지가 될 것이다.

是故로 若人이 失之於口則拈花微笑가 皆是教迹이요 得之於心則世間麤言細語가 皆是教外別傳禪旨니라.

註解

법은 이름이 없는 것이므로 말로써 이를 수도 없고, 법은 모양이 없는 것이므로 마음으로 헤아릴 수도 없는 것이다. 무엇이나 말하여 보려고 한다면 벌써 근본 마음의 자체를 잃은 것이요, 근본 마음의 자체를 잃게 되면 부처님이 꽃을 드신 것이나 가섭존자가 웃으신 것이 모두 썩어버린 이야기 거리만 될 뿐이다. 마음에서 얻은 이는 장꾼들의 잡담이라도 다 법사의 설법이 될 뿐 아니라, 새 소리와 짐승의 울음까지도 참 이치를 바로 말하는 것이 될 것이다. 이러하기 때문에 보적선사[2]는 통곡하는 소리를 듣고 깨쳐 춤추고 뛰놀았으며, 보수선사[3]는 거리에서 주먹을 휘두르며 싸우는 사람의 말을 듣고 참 면목을 깨친 것이다.
 이것은 선과 교의 깊고 옅은 것을 밝힌 것이다.

 法은 無名故로 言不及也요 法은 無相故로 心不及也라 擬之於口者인댄 失本心王也요 失本心王則世尊拈花와 迦葉微笑가 盡落陳言이니 終是死物也라 得之於心者는 非但街談이 禪說法要라 至於鶯語라도 深談實相也라 是故로 寶積禪師는 聞哭聲하고 踊悅身心하며 寶壽禪師는 見諍拳하고 開豁面目者가 以此也라
 此는 明禪敎深淺이라

> 頌

 밝은 구슬 손에 들고
 이리 궁글 저리 궁글

 明珠在掌에 弄去弄來라

> 譯註

1) 교 밖에 따로 전함〔敎外別傳〕: 부처님께서 말씀으로써 가르친 바를 모두 교(敎)라 하는데, 교 밖에 따로 말이나 글을 여의고〔不立文字〕 특별한 방법으로써 곧바로 마음을 가르쳐서 성품을 보고 대번에 부처가 되게 하는〔直指人心 見性成佛〕 법문이 있으니, 그것이 곧 선법(禪法)이다. 교는 말로나 글로 전해 왔지만, 선법은 마음으로써 전하여 왔으니, 이른바 삼처전심(三處傳心) 같은 것이다.

2) 보적선사(寶積禪師) : 늘 참선하고 있던 그가 하루는 거리에 나가서 장례식을 구경하다가 상주의 우는 소리를 듣고 크게 깨치고 나서, 남들은 통곡하는데 혼자 한바탕 춤을 추면서 뛰놀았다. 그 후 마조(馬祖)의 법을 받고 유주(幽州)의 반산에서 교화하였다.
3) 보수선사(寶壽禪師) : 보수 제일세(第一世)의 회상(會上)에서 공부하는데 방장화상(方丈和尙)이 묻기를, "부모가 낳기 전 너의 본래면목이 어떠하냐?" 하는데 대답하지 못하고 있더니, 하루는 거리에 나갔다가 어떤 두 사람이 주먹질을 하면서 싸우다가 하는 말이 "참으로 면목없다" 하는 데서 크게 깨쳤다. 그리하여 보수 제1세의 법을 받아 그대로 그 절에서 제2세가 되었다.

7.

내가 한마디 말하려 한다[1)]
생각 끊고 반연 쉬고
일없이 우두커니 앉았더니
봄이 오매 풀이 절로 푸르구나

吾有一言하니 絶慮忘緣하고 兀然無事坐하니 春來草自靑이로다.

註解

생각을 끊고 반연을 잊었다는 것은 마음에서 얻은 것을 가리킴이니, 이른바 일 없는 도인[2]이다.

어디에나 얽힘 없고 애당초 일 없어서, 배고프면 밥을 먹고 고단하면 잠을 자네. 맑은 물과 푸른 뫼를 마음대로 오락가락, 고기 잡는 바닷가와 술잔 파는 밤 거리에, 걸림없고 물듦없이 고요하게 지내가니. 세월이 가나 오나 내 알 바 아니언만, 봄이 되면 예와 같이 풀잎이 푸르누나.

이것은 특별히 한 생각 일어날 때에 돌이켜 살피게[3] 하려 함이다.

絶慮忘緣者는 得之於心也니 所謂閑道人也라 於戲라 其爲人也가 本來無緣하며 本來無事하야 飢來卽食하며 困來卽眠하니 綠水靑山에 任意逍遙하며 漁村酒肆에 自在安閑하야 年代甲子 總不知하니 春來依舊草自靑이로다

此는 別歎一念廻光者라

頌

사람 없을까 하였더니 마침 하나 있구나

將謂無人터니 賴有一個로다

譯註

1) 내가 한마디 말하려 한다〔吾有一言〕: 남악(南嶽)의 나찬선사(懶瓚禪師) 말씀이다.
2) 일 없는 도인〔閑道人〕: 일 없다는 것은 아무 일도 하지 않고 놀기만 하는 것이 아니다. 보살은 삼천 가지 위의〔三千威儀〕와 팔만 가지의 미세한 행실〔八萬細行〕과 여섯 가지 길〔六度〕을 닦는데 자기의 몸과 목숨과 재물을 다 바쳐 중생을 건지려고 분투 노력하는 것이다. 그리하여 그 몸은 무한히 분주하고 골몰하면서도, 마음은 밝은 거울이나 고요한 물과 같이 움직이지 않는다. 함이 없이 하는〔無爲而作〕이가 도인이다.
3) 돌이켜 살핀다〔廻光反照〕: 불법은 밖으로 내달으면서 구하지 말고 안으로 나에게서 찾아야 한다. 그러므로 한 생각 일어날 때에 곧 그 일어나는 곳을 돌이켜 살펴 보라.

8.

교문에는 오직 한마음 법만을 전하고, 선문에는 단지 견성[1]하는 법만을 전하였다.

教門은 惟傳一心法하고 禪門은 惟傳見性法하니라.

[註解]

　마음은 거울의 바탕과 같고, 성품은 거울의 빛과 같은 것이다. 성품이란 본래 저절로 깨끗한 것이라, 깨치면 곧 근본 마음을 얻을 것이다.

　이것은 깨친 한 생각을 특별히 중요하게 보임이다.

　心은 如鏡之體요 性은 如鏡之光이라 性自清淨하니 卽時豁然하면 還得本心이니라

　此는 秘重得意一念이니라

[頌]

　겹겹으로 싸고 돌린 높은 메와 흐르는 내
　깨끗하고 아름다운 우리 고향 면목일세

　重重山與水가 淸白舊家風이로다

[評]

　마음에 두 가지가 있으니 하나는 본바탕 마음이요 둘은 무명의 형상만 보는 마음이며, 성품에도 두 가지가 있으니, 하나는 근본법 성품이요, 둘은 성품과 형상이 마주 선 성품이다. 그러나 선법을 닦는 이나 교법을 배우는 이들이 모두, 어두워서 이름에만 국집하고 알음알이[2]를 내게 되어 옅은 것도 깊다

하고 깊은 것도 옅다 하여, 공부하는 데 큰 병통이 되므로 여기에서 가려 말한 것이다.

評曰, 心有二種하니 一은 本源心이요 二는 無明取相心也라 性有二種하니 一은 本法性이요 二는 性相相對性也라 故로 禪敎者가 同迷守名生解하야 或以淺爲深하며 或以深爲淺하야 爲觀行大病故로 於此辨之라

譯註

1) 견성(見性) : 성품을 본다는 말인데 참 이치를 깨친다는 뜻이다.
2) 알음알이〔知解〕: 참선은 연구하는 것이 아니다. 생각으로써 이리저리 따져서 아는 것은 깨친 것이 아니다. 참선하는데 가장 꺼리는 것은 알음알이다. 그러므로 "이 문 안에 들어오려면 알음알이 내지 말라〔入此門內莫存知解〕"고 크게 써서 절 문에 붙이는 것이 이 까닭이다.

9.

그러나 부처님이 말씀하신 경에는 먼저 모든 법을 가려 보이시고 나중에 빈 이치를 말씀하셨으며,[1] 조사들의 가르치심은 자취가 생각의 머리에서 끊어지고[2] 이치가 마

음의 근원에 드러났느니라.

然이나 諸佛說經은 先分別諸法하고 後說畢竟空하되 祖師示句는 迹絶於意地하고 理顯於心源이니라.

> 註解

부처님은 만대의 스승이 되시므로 어디까지나 자세히 가르치셨고, 조사들은 상대자로 하여금 그 자리에서 곧 해탈[3]하게 하므로 깨치는 데만 위주하는 것이다. 앞에서의 '자취'란 것은 조사의 말 자취요, '생각'이란 것은 공부하는 이의 생각이다.

諸佛은 爲萬代依憑故로 理須委示요 祖師는 在卽時度脫故로 意使玄通이라 迹은 祖師言迹也라 意는 學者意地也라

> 頌

함부로 허덕이는구나
팔은 밖으로 굽지 않느니라

胡亂指注라도 臂不外曲이니라

譯註

1) 먼저 모든 법을 가려 보이시고…〔先分別諸法 後說畢竟空〕: 부처님은 우주 만유(萬有)에 대하여 자세하게 분석하셔서, 자연계(自然界)에 있어 큰 것으로는 삼천대천세계(三千大天世界)와 삼계이십오유(三界二十五有)를, 작은 것으로는 티끌의 십만 분의 일과 한방울 물 속에 팔만사천 벌레가 있다는 것을 말씀하였으며, 정신계에 있어서는 백팔 번뇌라든지 팔만사천 망상(妄想) 같은 것들을 자세하게 해석하셨고, 공부하는 법으로는 사제(四諦)·십이인연(十二因緣)·삼승사과(三乘四果)·육도만행(六度萬行)·삼십칠조도품(三十七助道品)·오십오위(五十五位) 같은 것들을 밝게 가르치시고, 나중에는 『반야경(般若經)』의 빈〔空〕 이치를 말씀하여 모든 물질과 온갖 일과 마음까지라도 본래 빈 것이며 환(幻)인 것을 가르쳤다.

2) 자취가 생각의 머리에서 끊어지고〔迹絶於意地〕: 규봉선사(圭峰禪師)의 말씀인데, '조사(祖師)의 가르침은 말로도 알 수 없고 생각으로도 헤아릴 수 없어서, 말 있는 것〔有〕, 없는 것〔無〕, 있는 것도 아니고 없는 것도 아닌 것〔非有非無〕, 있기도 하고 없기도 한 것〔即有即無〕의 네 가지를 여의고 백 가지 아닌 것에도 뛰어난다〔離四句絶百非〕'고 하는 것이다.

3) 해탈(解脫): 범어 비모크샤(vimokṣa) 또는 비무크타(vimukta)를 번역한 것이니, 모든 번뇌의 속박을 끊어버리고 온갖 고통에서 벗어난다는 뜻으로, 도탈(度脫) 또는 자유자재(自由自在)라고도 한다.

10.

부처님은 활같이 말씀하시고, 조사들은 활줄같이 말씀하셨다. 부처님께서 말씀하신 가운데 걸림없는 법이란 것이 겨우 한 맛[1]에 돌아가는 것이요, 이 한 맛의 자취를 털어버려야 바야흐로 조사가 보이신 한마음을 드러내게 되는 것이다. 그러므로 "뜰 앞의 잣나무이니라"고 한 화두는 용궁의 장경에도 없는 것이라고 말한 바이다.

諸佛은 說弓하고 祖師는 說絃하시니 佛說無碍之法은 方歸一味라 拂此一味之迹하야사 方現祖師所示一心이니 故로 云, 庭前栢樹子話는 龍藏所未有底라 하니라.

註解

활같이 말씀하였다는 것은 굽다는 뜻이요, 활줄같이 말씀하였다는 것은 곧다는 뜻이며, 용궁의 장경이란 것은 용궁에 모셔 둔 대장경이다. 어떤 승려가 조주스님[2]께 묻기를, "조사가 서쪽에서 온 뜻이 무엇입니까?"[3] 함에 대하여 대답하기를, "뜰 앞에 잣나무이니라" 하였으니, 이것이 이른바 격 밖의 선지[4]이다.

説弓은 曲也요 説絃은 直也라 龍藏은 龍宮之藏經也라 僧이 問趙州하되 如何是祖師西來意닛고 州答云, 庭前栢樹子라하니 此는 所謂格外禪旨也라

頌

고기가 놀면 물이 흐리고
새가 날면 깃이 떨어진다

魚行水濁이요 鳥飛毛落이니라

譯註

1) 한 맛〔一味〕: 만법(萬法), 곧 온갖 일과 모든 물질들은 천차만별(千差萬別)로 낱낱이 다른 듯하지만, 실상은 절대 평등하여 다르지 않고〔不二〕 똑같은 것〔眞如〕이다.

2) 조주(趙州): (778~897) 이름은 종심(從諗)이요 속성은 학(郝)씨인데, 산동성(山東省) 조주부(曹州府)에서 났다. 어려서 출가하여 남전(南泉) 보원선사(普願禪師)의 법을 받고, 그 문하에서 20년 동안 있었다. 80세까지 각처로 돌아다니다가〔行脚〕 비로소 조주(趙州)의 관음원(觀音院)에서 학자들을 제접(提接)하기 40년. 당나라 소종(昭宗) 건녕(乾寧) 4년 120세로써 입적하였다. 『어록(語錄)』 3권이 있으며, 그의 교화가 참으로 커서 '조주고불(趙州古佛)'이라고 일컬었다.

3) 조사가 서쪽에서 온 뜻〔祖師西來意〕: 중국 선종(禪宗)의 초조(初祖) 달마대사가 중국에 와서 불교의 대혁명을 일으켰는데, 경(經)이

나 모든 글이 소용없다 하여 '불립문자(不立文字)'를 표방하였고, 계율이나 염불이나 송주(誦呪)를 죄다 부인하고 오직 "마음을 지키는 한 가지 공부에 모든 법이 들어 있다〔觀心一法總攝諸行〕"하고, "바로 마음을 가리켜서 대번에 성품을 보고 부처가 되게 한다〔直指人心 見性成佛〕"고 하였다. 실로 그의 문하에서 많은 성인이 나왔으므로, 사람들이 다투어 묵은 불교를 버리고 이 새 법을 배우려고 하였다. 그러므로 '조사가 서쪽에서 온 뜻'이란 것은 달마조사가 전하여 온 특별한 법, 비밀한 이치, 곧 '불법의 똑바른 이치〔佛法的的大意〕'란 말과 같은 말이다.

5) 격 밖의 선지〔格外禪旨〕: 참선 도리는 보통 사람의 범상한 소견에 벗어난 것이어서, 있는 마음으로나 없는 마음으로나 다 알지 못하는 것〔有心無心俱透不得〕이다.

11.

그러므로 학자는 먼저 부처님의 참다운 가르침으로써 변하지 않는 것과 인연 따르는 두 가지 뜻[1]이 내 마음의 본바탕과 형상이며, 단박 깨치고 오래 닦는 두 가지 문[2]은 공부의 시작과 끝임을 자세히 가려 안 뒤에, 교의 뜻을 내버리고[3] 오로지 그 마음이 뚜렷이 드러난 한 생각으로써 참선한다면, 반드시 얻는 바가 있을 것이다. 그것이야말로 뛰어난 살 길[4]이니라.

故로 學者는 先以如實言教로 委辨不變隨緣二義가 是自心之性相이며 頓悟漸修兩門이 是自行之始終한 然後에 放下教義하고 但將自心現前一念하야 參詳禪旨則必有所得하리니 所謂出身活路니라.

註解

높은 바탕과 큰 지혜가 있는 이는 더 말할 것 없지마는, 보통사람은 함부로 건너뛰어서는 안 된다. 교의 뜻이란 것은 변하지 않는 것과 인연 따르는 것, 단박 깨치는 것과 오래 닦는 것이 선후가 있다는 말이요, 선법이란 것은 한 생각 가운데 변하지 않는 것과 인연 따르는 것, 성품과 형상, 체와 용이 원래 한때[5]이기 때문에, 곧 그것인 것도 아니요 아닌 것까지도 아니나, 곧 그것도 되며 아닌 것도 되는 것이다[6]. 그러므로 종사[7]는 법을 쓰되 말을 여의고 바로 한 생각을 가르쳐서 성품을 보고 부처가 되게 하는 것이니, 교의 뜻을 내버린다는 것이 이것이다.

上根大智는 不在此限이나 中下根者는 不可躐等也니라 教義者는 不變隨緣과 頓悟漸修가 有先有後요 禪法者는 一念中에 不變隨緣과 性相體用이 元是一時라 離卽離非나 是卽非卽이니 故로 宗師는 據法離言하고 直指一念하야 見性成佛耳라 放下教

義者가 以此라

頌

휜칠하게 밝을 때에 깊은 골에 구름 끼고
그윽하게 고요한 곳 맑은 하늘 해가 떴네

明歷歷時에 雲藏深谷이요 深密密處에 日照晴空이라

譯註

1) 두 가지 뜻〔二義〕: 변하지 않는 것〔不變〕은 성품의 이치이며 자체이고, 인연 따르는 것〔隨緣〕은 형상이며 작용이다.
2) 두 가지 문〔二門〕: 불도를 배워 닦는 길은 먼저 깨치고 나서 차츰차츰 오래 닦아야 한다. 깨치지 않고서는 바르게 닦을 수가 없기 때문이다. 그러므로 돈오(頓悟)가 시작이고 점수(漸修)가 끝이 되는 것이다.
3) 교의 뜻을 내버린다〔放下教意〕: 공부하는 이에게 있어서 경전(經典)은 마치 여행하는 이의 노정기(路程記)와 같다. 길을 안 뒤에는 책을 덮어 놓고 부지런히 걸어가야 할 것이다. 그러므로 "교를 버리고 선에 들어간다〔捨教入禪〕"고 하는 것이다.
4) 뛰어난 살 길〔出身活路〕: 번뇌의 불집〔煩惱火宅〕과 망상의 고생바다〔妄想苦海〕에서 아주 뛰어나서 큰 자유와 큰 해탈을 얻는 길, 곧 조사선(祖師禪)의 바른 길을 이름이다.
5) 원래 한때〔元是一時〕: 부처님은 많은 중생을 상대로 말씀하셔서 낮고 옅은 곳으로부터 높고 깊은 데로 인도하기 위하여, 처음에는

모든 것을 분명하게 선후(先後)・시종(始終)의 온갖 차별이 있는 것이라고 가르쳤지만, 참선 문중에서는 묘한 이치를 바로 가르치므로 성(性)과 상(相), 체(體)와 용(用)이 모두 한 생각 가운데 있는 것을 말하게 된다. 변하지 않는 것이 곧 성품이며 몸〔體〕이요, 인연 따르는 것이 곧 형상이며 씀〔用〕이다.

6) 곧 그것인 것도 아니요 …〔離卽離非 是卽非卽〕: 진여문(眞如門)에서 본다면, 만법은 다 똑같은 것이다. 이것을 '즉(卽; 곧 그것)'이라 한다. 그러나 차별문(差別門)에서 보게 되면 삼라만상(森羅萬象)이 완연히 벌어져 있는 것이다. 이것을 '비(非; 아니다 또는 다르다)'라고 한다. 그렇지만 본래 하나도 없는 것이기 때문에, 진여문과 차별문이 둘 아닌 동시에 하나도 아니며, 다른 동시에 곧 같은 것이다. 그리하여 차별이 곧 평등이며, 모순(矛盾)이 곧 조화(調和)인 것이다. "즉(卽)도 여의고 비(非)도 여의고, 시(是)에도 즉(卽)하고 비(非)에도 즉(卽)한다." 하여 이것을 쌍차쌍조(雙遮雙照)라고 하는 것이다.

7) 종사(宗師): 부처님의 바른 종지(宗旨), 곧 조사선법(祖師禪法)을 전하는 스승을 말함이니 조사(祖師)와 같다.

12.

대체로 배우는 이들은 산 말[1]을 참구할 것이요, 죽은 말을 참구하지 말아야 한다.

大抵學者는 須參活句요 莫參死句어다.

註解

산 말에서 얻어내면 부처나 조사의 스승이 될 것이요, 죽은 말에서 얻는다면 제 살림살이도 안될 것이다.

이로부터 아래는 특별히 산 말을 들어서 저절로 깨쳐 들어가게 하는 것이다.

活句下에 薦得하면 堪與佛祖爲師요 死句下에 薦得하면 自救도 不了니라
此下는 特擧活句하야 使自悟入活句니라

頌

임제[2]를 보려면 쇠뭉치로 된 놈이라야 한다

要見臨濟인댄 須是鐵漢이니라

評

화두[3]에 말과 뜻의 두 가지 문이 있다. 말을 참구한다는 것은 지름길이요 빠른 문을 가르치는 산 말이니, 마음 길이 끊어지고 말 길도 끊어져서 더듬고 만질 수가 없는 때문이요, 뜻을

연구한다는 것은 원돈문⁴⁾의 죽은 말이니, 이치의 길도 있고 말의 길도 있어, 들어서 알고 생각할 수 있는 까닭이다.

評曰, 話頭에 有句意二門하니 參句者는 徑截門活句也니 沒心路沒語路하며 無摸索故也라 參意者는 圓頓門死句也니 有理路有語路하며 有聞解思想故也라

譯註

1) 산 말[活句] : 말 자취가 있고 뜻이 붙으면 선법이 아니며, 어디나 걸리면 죽은 말이다.
2) 임제(臨濟) : (?~867) 중국 임제종(臨濟宗)의 개조(開祖). 속성은 형(荊)씨이고, 이름은 의현(義玄)이다. 어려서 출가하여 강당에서 경을 연구하다가, 황벽(黃檗) 희운선사(希運禪師)의 법회에 가서 3년 동안 있었다. 그러면서도 아무 말도 묻지 못하고 지냈는데, 제일좌(第一座)의 지도를 받아 "어떤 것이 불법의 똑바른 참 뜻입니까?" 하고 물었더니, 황벽은 다짜고짜로 몽둥이로 한바탕 때려 주었다. 제일좌의 권에 따라 그 다음날도, 또 그 다음날도 같은 말을 물었고, 역시 똑같이 매를 실컷 맞았다. 그러나 그 맞은 까닭을 알지 못할 뿐 아니라 그곳과 인연이 없다고 생각하고서 떠나는데, 황벽선사가 지시하여 대우(大愚)화상의 회상으로 갔다. "황벽이 요사이 무슨 법문이 있던가?" 하고 대우가 물었다. 세 번이나 얻어맞은 사연을 자세히 말하고, 무슨 허물이 있어서 그처럼 때리는지 모르겠더라고 하였다. 대우가 "허! 황벽이 그처럼 너 때문에 애썼는데 허물을 찾고 있단 말이냐?" 하는 데서 크게 깨치고는 "황벽의 불법이 몇 푼어치 안 되는

군." 하였다. 대우가 "아까는 허물을 찾던 놈이 지금 와서 무슨 큰소리 하느냐?" 한즉, 주먹으로 대우의 옆구리를 세 번이나 쥐어 박았다. 그리고 황벽에게 되돌아와서 그 법통을 잇고, 고향인 하북성(河北省) 진주(鎭州)의 임제원(臨濟院)에서 크게 교화하였다. 그의 법을 이은 제자가 스물두 분이나 있었는데, 신라의 지리산화상도 있었다. 그는 임제종(臨濟宗)의 종조(宗祖)가 되었으며, 당나라 의종(毅宗) 함통(咸通) 8년에 입적하였다. 저서로는 『임제혜조선사어록(臨濟慧照禪師語錄)』이 1권 있다. 그의 밑으로 19세(世) 되는 평산처림(平山處林)의 법을 고려의 나옹왕사(懶翁王師)가 받아왔고, 또 같은 임제 19세 석옥청공(石屋淸珙)의 법을 태고국사(太古國師)가 받아와서, 조선시대의 우리나라 불교는 온전히 임제종의 법맥으로 되었다.

3) 화두(話頭) : 또는 공안(公案)·고측(古則)이라고도 한다. 화두는 '말'이란 뜻인데, 두(頭)는 거저 들어가는 어조사다. "곡식을 보면 땅을 알고, 말을 들으면 사람을 안다."는 옛말이 있다. 도(道)를 판단하고 이치를 가르치는 '법말·참말'을 화두라고 한다. 또는 공안이라고 하는 것은 '관청의 공문서'란 뜻인데, 천하의 정사를 바르게 하려면 반드시 법이 있어야 하고, 법을 밝히려면 공문이 필요하기 때문이다. 부처님이나 조사들의 기연(機緣), 다시 말하면 참 이치를 똑바로 가르친 말이나 몸짓, 또는 여타의 방법들은 모두 이치세계의 바른 법령(法令)인 것이다. 그러므로 참선 공부하는 이들은 이것을 참구하여, 열 가지 병이 없이 의심을 일으켜 가면 필경 깨치게 되는 것이다.

4) 원돈문(圓頓門) : 원교(圓敎)와 돈교(頓敎)가 교문(敎門)에 있어서는 가장 높고 깊은 이치를 가르친 바이지만, 말 자취가 남아 있고 뜻의 길이 분명히 있어서 참으로 걸림없는 이치를 완전히 가르친 것이

못된다. 오직 조사선이 있을 뿐이다.

13.

자기가 참구하는 공안에 대하여 간절한 마음으로 공부하기를 마치 닭이 알을 안는 것과 같이 하며, 고양이가 쥐를 잡을 때와 같이 하고, 주린 사람이 밥 생각하듯 하며, 목마른 사람이 물 생각하듯 하고, 아기가 어머니 생각하듯 하면 반드시 꿰뚫을 때가 있으리라.

凡本參公案上에 切心做工夫하되 如鷄抱卵하며 如猫捕鼠하며 如飢思食하며 如渴思水하며 如兒憶母하면 必有透徹之期하리라.

註解

조사들의 공안이 1,700가지나 있는데, '개가 불성이 없다'라든지, '뜰 앞에 잣나무', '마 삼근'[1], '간시궐'[2] 같은 것들이다. 닭이 알을 안을 때에는 더운 기운이 꼭 계속되고 있으며, 고양이가 쥐를 잡을 때에는 마음과 눈이 움직이지 않게 되고, 주린 데 밥 생각하는 것과 목 마른 데 물 생각하는 것이 아기가 어머니를 생각하는 것들은 모두 참된 마음에서 나오는 것이고, 억지로 지어서 내는 마음이 아니기 때문에 간절하다고 하는 것이다. 참선하는 데 이 간절한 마음이 없이 깨친다는 것은 도저히 있을 수 없는 일이다.

祖師公案이 有一七百則하니 如狗子無佛性과 庭前栢樹子와 麻三斤과 乾屎橛之類也라 鷄之抱卵은 暖氣相續也라 猫之捕鼠는 心眼이 不動也오 至於飢思食渴思水兒憶母가 皆出於眞心이요 非做作底心故로 云, 切也라 參禪에 無此切心하면 能透徹者가 無有是處니라

譯註

1) 마삼근(麻三斤) : "어떤 것이 부처입니까?" 하는 물음에 대하여, 운문종(雲門宗)의 동산(洞山) 수초선사(守初禪師)가 대답하기를, "마삼근(삼이 서근)이니라." 하였다.
2) 간시궐(乾屎橛) : "어떤 것이 부처입니까?" 하는 물음에 대하여, 운문문언(雲門文偃) 선사가 대답하기를, "간시궐(마른 똥막대기)이니라." 하였다.

14.

참선하는 데는 반드시 세 가지 요긴한 것이 있어야 한다.

첫째는 큰 신심이요, 둘째는 큰 분심이요, 셋째는 큰 의심이니, 만약 그 속에 하나라도 빠지면 다리 부러진 솥과 같아서 소용없이 되고 말 것이다.

參禪엔 須具三要니 一은 有大信根이요 二는 有大憤志요 三은 有大疑情이니 苟闕其一하면 如折足之鼎하야 終成廢器니라

註解

부처님께서 말씀하시기를 "성불하는 데는 믿음이 뿌리가 된다" 하셨고, 영가스님[1]은 이르기를 "도를 닦는 이는 먼저 반드시 뜻을 세워야 한다" 하였고, 몽산스님[2]은 이르시기를 "참선하는 이가 화두를 의심하지 않는 것이 큰 병이다" 하였으며, 또 말씀하기를, "크게 의심하는 데서 크게 깨친다"고 하였다.

佛云, 成佛者는 信爲根本이라하시고 永嘉云, 修道者는 先須立志라하시고 蒙山云, 參禪者는 不疑言句가 是爲大病이라하고 又云, 大疑之下에 必有大悟라하니라

譯註
1) 영가(永嘉) : (665~713). 절강성(浙江省) 온주부(溫州府) 영가현

(永嘉懸) 대(戴)씨 집에서 났다. 법명은 현각(玄覺), 자(字)는 명도(明道), 호는 진각(眞覺)이다. 여덟 살에 출가하여 대장경을 널리 보고, 천태(天台)의 지관(止觀)을 숭상하였다. 『유마경』을 읽다가 견성하고, 조계(曹溪)에 가서 육조(六祖)에게 인가를 받고는, 곧 돌아가서 고향의 용흥사(龍興寺)에 있었다. 저술은 『선종영가집(禪宗永嘉集)』, 『증도가(證道歌)』 등이 있으며, 당나라 현종(玄宗) 개원(開元) 1년에 49세로써 입적하였다.

2) 몽산(蒙山) : 원(元) 나라 스님. 생몰연대는 미상이며, 이름은 덕이(德異), 강서성(江西省) 여릉도(廬陵道) 시양(時陽) 고안현(高安縣)에서 났다. 고향 시양이 당나라 때에는 균주(筠州)였기 때문에 고균(高筠) 비구라고 한 일도 있었고, 여릉도 몽산에 있었으므로 몽산화상이라 하며, 강소성(江蘇省) 송강현(松江縣) 전산(殿山)에 있었으므로 전산화상이라기도 하고, 휴휴암(休休庵)에 있었으므로 휴휴암주라기도 하였다. 고산(鼓山)의 환산(豌山) 정응선사(正凝禪師)의 법을 이었다. 그의 교화한 시기는 원나라 세조(世祖) 때이며, 우리나라 고려의 충렬왕 때이다. 그래서 고려의 고승들과 문필의 거래가 많았고, 그의 저서 가운데 『법어약록(法語略錄)』 등은 조선 중기에 우리 글로 번역되기까지 하였다.

15.

밤낮으로 무슨 일을 하면서든지 오직 '개가 불성이 없다.'고 한 화두를 들어서 생각하고 생각하여, 이치의 길이 끊어지고 뜻 길이 없어져 아무 맛도 없어지고 마음이 답답할 때가 곧 그 사람의 몸과 목숨을 내던질 곳이며, 또한 부처가 되고 조사가 되는 대목인 것이다.

日用應緣處에 只擧狗子無佛性話하야 擧來擧去하며 疑來疑去에 覺得沒理路沒義路沒滋味하야 心頭熱悶時가 便是當人放身命處며 亦是成佛作祖底基本也니라.

註解

어떤 스님이 조주스님께 묻기를, "개도 부처의 성품이 있습니까? 없습니까?" 하였더니, "무(無:없으니라)" 하였다. 이 한 마디는 우리 종문의 한 관문[1]이며, 온갖 못된 지견과 나쁜 알음알이를 꺾어 버리는 연장이며, 또한 모든 부처님의 면목이고 조사들의 골수이다. 이 관문을 뚫어나간 뒤에라야 부처나 조사가 될 수 있는 것이니라. 옛 어른이 송(頌)하셨다.
 "조주의 무서운 칼 서릿발처럼 번쩍이네
 무어라 물으려도 네 몸은 두동 나리."

僧問趙州하되 狗子還有佛性也無잇가 州云, 無라 하니 此一字子는 宗門之一關이며 亦是摧許多惡知惡覺底器仗이며 亦是諸佛面目이며 亦是諸祖骨髓也라 須透得此關然後에사 佛祖를 可

期也라 古人頌云, 趙州露刃劍이 寒霜光燄燄이라 擬議問如何하면 分身作兩段하리라

譯註

1) 종문의 한 관문〔宗門之一關〕: 종문이란 것은 불교의 정통(正統)인 불심종(佛心宗), 곧 선종(禪宗)을 이름이며, 관문(關門)은 옛날에 국경 또는 경제적으로 중요한 곳에 군사를 두어 지키게 하고, 내왕하는 사람과 수출입하는 물건을 검사하던 곳이다. 견성성불은 화두라는 관문을 통과하여야 되는 것이므로 화두가 종문의 관문이 된다. 또한 이를 조사관(祖師關)이라 한다.

16.

화두는 들어 일으키는 곳에서 알아맞히려 하지도 말고, 생각으로 헤아리지도 말며, 또한 깨닫기를 기다리지도 말라. 더 생각할 수 없는 곳에까지 나아가 생각하면 마음이 더 갈 곳이 없어서, 마치 늙은 쥐가 쇠뿔에 들어가다가[1] 꼭 잡히듯 할 것이다. 이런가 저런가 따지고 맞춰보는 것이 식정[2]이며, 나고 죽음에 따라 굴러다니는 것이 식정이며, 무서워하고 갈팡질팡하는 것도 또한 식정이다. 지금 사람들은 이 병통을 알지 못하고, 오직 이 속에서 빠졌다

솟았다 할 뿐이로구나.

話頭를 不得擧起處에 承當하며 不得思量卜度하며 又不得將迷待悟니 就不可思量處하야 思量하면 心無所之가 如老鼠入牛角하야 便見倒斷也리라 又尋常에 計較安排底도 是識情이며 隨生死遷流底도 是識情이며 怕怖慞惶底도 是識情이어늘 今人이 不知是病하고 只管在裡許하야 頭出頭沒하나니라

> 註解

무자 화두를 참구하는 데 열 가지 병이 있는데, 뢰로써 헤아리는 것과, 눈썹을 오르내리고 눈을 꿈적거리는 것을 붙잡고 있는 것[3] 과 말 길에서 살림살이를 짓는 것과, 글에서 끌어다가 인증을 삼으려는 것과, 들어 일으키는 곳에서 알아맞히려는 것과, 모든 것을 다 날려버리고 일 없는 곳에 들어앉는 것과, 있는 것이라거나 없는 것으로 아는 것과, 참으로 없다는 것으로 아는 것과, 도리가 그렇거니 하는 알음알이를 짓는 것과, 조급하게 깨치기를 기다리는 것들이다. 이 열 가지 병을 여의고 오직 화두를 들 때에 정신을 차려서 다만 "무슨 뜻인고?" 하고 의심할 뿐이니라.

話頭有十種病하니 曰意根下卜度이요 曰揚眉瞬目處挆根이요

曰語路上作活計요 曰文字中引證이요 曰擧起處承當이요 曰颺在無事匣裡요 曰作有無會요 曰作眞無會요 曰作道理會요 曰將迷待悟也라 離此十種病者는 但擧話頭時에 略抖擻精神하야 只疑是箇甚麽니라

譯註

1) 쥐가 쇠뿔에 들어가다가〔老鼠入牛角〕: 중국의 남쪽에서 부리는 물소의 뿔은 매우 길기 때문에 그것으로 쥐 잡는 기구를 만든다. 쥐가 먹을 것을 탐하여 그 속에 들어가면 필경 돌아설 수가 없어 잡히고 만다.
2) 식정(識情): 식심(識心)이나 망념(妄念)과 같은 말이니, 무슨 생각이든 모두 식정이다.
3) 눈썹을 오르내리고 눈을 꿈적거리는 곳을 붙잡고 있는 것〔揚眉瞬目處探根〕: 몸을 능히 움직이게 하는 것이 곧 마음이며 불성(佛性)이니, 다른 것이 따로 없으므로 더 깊게 알려고 애쓸 것이 없다고 하여, 그것으로써 깨친 것을 삼는 어리석은 병통을 말함이다. 어느 화두나 다 같지만, 특히 '무자(無字)'에 대하여 열 가지 병을 말하게 된다. 그러나 오직 간절히 의심하여 간다면 아무 병도 없게 되고, 생각으로 따지기 시작하면 백 병이 나게 된다.

17.

이 일은 마치 모기가 강철로 된 소에게 덤벼들듯, 덮어놓

고 주둥이를 댈 수 없는 곳에 목숨을 떼어놓고 한 번 뚫어 보면, 몸둥이째 사뭇 들어갈 때가 있으리라.

此事는 如蚊子가 上鐵牛하야 更不問如何若何하고 下嘴不得處에 棄命一攢하야 和身透入이니라.

註解

거듭 위에 말한 뜻을 맺어서 산 말을 참구하는 이로 하여금 뒷걸음치지 말도록 하려는 것이다. 옛 어른은 이르셨다.
　참선을 하려면 뚫으라 조사관을!
　오묘한 깨침은 마음 길을 끊어야지

重結上意하야 使參活句者로 不得退屈이니 古云, 參禪은 須透祖師關이요 妙悟는 要窮心路絶이라 하니라

18.

공부는 거문고의 줄을 고르는 데 팽팽하고 느슨한 것이 알맞아야 하는 것과 같아서, 너무 애를 쓰면 병이 나기 쉽고, 잊어버리면 거두어 잡을 수 없거나 어둠 속에 빠지게

된다. 오직 씩씩하고 깨끗하고 또렷하면서도 곱고 가늘게 끊임없이 하여야 한다.

工夫는 如調絃之法하야 緊緩에 得其中이니 勤則近執着이요 忘則落無明하리니 惺惺歷歷하며 密密綿綿이니라.

註解

거문고를 타는 데 그 줄의 느슨하고 팽팽함이 알맞은 뒤에라야 아름다운 소리가 잘 나는 것이다. 공부하는 것도 이와 같아서 조급히 하면 혈기를 올리게 될 것이요, 잊어버리면 흐리멍텅하게 되는 것이다. 느리지도 않고 빠르지도 않게 되면 묘한 이치가 그 속에 있느니라.

彈琴者曰, 緩急得中한 然後에사 淸音普矣라 하니 工夫亦如此하야 急則動血囊하고 忘則入鬼窟이니 不徐不疾하야사 妙在其中이니라

19.

공부가 걸어가면서도 걷는 줄 모르고 앉아도 앉을 줄 모르

게 되면, 이 때를 당하여 팔만사천[1] 마군의 떼가 육근[2] 문 앞에 지키고 있다가, 마음을 따라 온갖 꾀를 낼 것이다. 그러나 마음이 만약 움직이지 않는다면 무슨 상관이 있으랴.

工夫가 到行不知行하며 坐不知坐하면 當此之時하야 八萬四千魔軍이 在六根門頭伺候라가 隨心生設하나 心若不起하면 爭如之何리요.

註解

'마(魔)'란 나고 죽음을 즐기는 귀신의 이름이고, 팔만사천 마군이란 중생의 팔만사천 번뇌 망상이다. 마는 본래 씨가 없지만, 닦아가는 이가 바른 생각을 잃는 데서 그 근원이 생겨 나오는 것이다. 중생들은 그 환경에 순종하므로 탈이 없고, 도인은 그 환경에 거슬리므로 마가 대들게 된다. 그러기에, "도가 높을수록 마가 억세어 간다"고 하는 것이다. 선정중에 상주를 보고 제 다리를 찍거나,[3] 돼지를 보고 제 코를 붙잡기도[4] 하는 것이, 모두 자기 마음에서 망상을 일으켜 바깥 마를 보는 것이다. 그러나 마음이 일어나지 않는다면, 마의 온갖 재주가 마치 물을 베려는 것이나, 빛을 불어 버리려는 것과 같이 헛수고가 될 뿐이다. 옛말에, "벽에 틈이 나면 바람이 들어오고, 마음에 틈이 나면 마가 들어온다"고 하였다.

魔軍者는 樂生死之鬼名也요 八萬四千魔軍者는 乃衆生八萬四千煩惱也라 魔本無種이나 修行失念者가 遂派其源也라 衆生은 順其境故로 順之하고 道人은 逆其境故로 逆之하나니 故로 云, 道高魔盛也라하니라 禪定中에 或見孝子而斫股하며 或見猪子而把鼻者는 亦自心起見하야 感此外魔也니라 心若不起則種種伎倆이 翻爲割水吹光也니라 古云, 壁隙風動이요 心隙魔侵이라하니라

譯註

1) 팔만사천(八萬四千) : 법수(法數)에는 이 말이 퍽 많다. 중생의 망상이 벌어져 나가는 것을 자세히 분석하면 팔만사천 갈래가 된다고 한다. 그러므로 망상을 따라 일어나는 악마의 수효도 팔만사천이요, 망상을 다스리는 법문도 팔만사천이다. 또한 인도에서는 많은 수효를 말할 때에는 이 말을 쓰는 수가 가끔 있다. 이것을 줄여서 '팔만'이라고만 하기도 한다.

2) 육근(六根) : 눈(眼)·귀(耳)·코(鼻)·혀(舌)·몸(身)·뜻(意)의 여섯 가지 감각기관을 말한다.

3) 상주를 보고 제 다리를 찍다〔見孝子而斫股〕: 옛날 어떤 선사가 좌선하는데, 한 상복을 입은 사람이 송장을 메고 와서 "당신이 왜 우리 어머니를 죽였느냐?"고 하며 달려들기에, 시비 끝에 도끼로 그 상주를 찍었는데, 나중에 보니 자기 다리에서 피가 흘렀다.

4) 돼지를 보고 제 코를 붙잡다〔見猪子而把鼻〕: 어떤 선사는 공부를 하고 있는데 산돼지가 와서 대들기에, 그 코를 붙잡고 소리치다가 정신차려 보니 자기 코를 잡고 있었다. 이런 것들은 모두 제 마음이 움직이므로 그 틈을 타서 마가 침노한 것이다. 다시 말하면 제 생각

으로 마를 지어내는 것이다.

20.

일어나는 마음은 천마[1]요, 일지 않는 마음은 음마[2]이며, 일기도 하고 일지 않기도 하는 것은 번뇌마이다. 그러나 우리 바른 법 가운데에는 본래 그런 일이 없느니라.

起心은 是天魔요 不起心은 是陰魔요 或起或不起는 是煩惱魔니 然이나 我正法中엔 本無如是事니라.

> 註解

대저 무심한 것은 불도이고, 분별하는 것은 마의 일이다. 마의 일이란 꿈속 일이거늘, 더 길게 말할 것이 무엇이랴.

大抵忘機는 是佛道요 分別은 是魔境이라 然이나 魔境은 夢事어니 何勞辨詰이리요

> 譯註

1) 천마(天魔) : 욕계(欲界)의 제육천(第六天), 곧 타화자재천(他化自

在天)의 임금은 곧 마왕(魔王)이니, 그 이름이 파순(波旬)이다. 그는 항상 불법을 파괴하려고 애쓰고 있다. 그것은 불도를 공부하는 이가 있으면 그의 궁전이 흔들리기 때문이라고 한다. 그러므로 누구나 불법을 공부하겠다는 생각을 낼 때에 곧 천마가 따르는 것이다. 더 분명하게 말하면, 한 생각 일어나는 그것이 곧 천마다.

2) 음마(陰魔) : 오음마(五陰魔), 또는 오온마(五蘊魔)라고도 하는데, 우리를 둘러싸고 있으면서 우리에게 어떤 감촉을 주는 환경 전체와, 그것에 대한 우리의 감각과 따라 일어나는 반사적인 동작 전체, 곧 오온 모두가 그대로 음마이다. 생각이 일어나는 근본을 밝히지 못한 까닭에 생각이 저절로 쉬어지지 않고 억지로 생각을 일으키지 않으려 하므로, 뚜렷이 있는 환경과 육신의 지배를 받아 고통과 번민이 없을 수 없다. 그러므로 그것이 곧 마가 되는 것이다. 도대체 불법은 '마음 두는 데 없이 마음을 내는 것이라〔應無所住而生其心〕' 그것을 무심(無心)이라 하고, '함이 없이 하는 것' 이라 그것을 무위(無爲)라고 한다. 분별하는 바가 있게 되면 부처가 곧 마군이 될 것이며, 무심하면 악마의 화살이 곧 보살의 연꽃이 되는 것이다.

21.

공부가 만일 한 조각을 이룬다면, 비록 금생에 깨치지 못하더라도 마지막 눈 감을 때 나쁜 업에 끌리지 않게 되느니라.

工夫가 若打成一片則縱今生에 透不得이라도 眼光落地之時에 不爲惡業所牽이니라.

註解

업이란 어두컴컴한 것이요, 참선은 지혜를 밝히는 것이다. 밝은 것과 어두운 것이 서로 맞서지 못하는 것은 당연한 이치이다.

業者는 無明也라 禪者는 般若也라 明暗不相敵은 理固然也니라

22.

참선하는 이는 늘 생각하기를, 네 가지 은혜가 깊고 높은 것을 잊어버리는 일이 없는가? 네 가지로 된 더러운 이 몸[1]이 생각생각에 썩어 가는 것을 보고 있는가? 사람의 목숨이 숨 한번에 달린 것을 알고 있는가? 부처님이나 조사 같은 이를 만나고도 그대로 지나치지 않는가? 가장 높고 거룩한 법을 듣고 기쁘고 다행한 생각을 잠시라도 잊어버리지 않는가? 공부하는 곳을 떠나지 않고 도인다운 절개를 지키고 있는가? 곁에 있는 사람들과 잡담이나 하

고 지내지 않는가? 분주하게 시비를 일으키고 있지나 않는가? 화두가 어느 때나 똑똑히 들리고 있는가? 이야기할 때에도 화두가 끊임없이 되는가? 보고 듣고 온갖 감각이 있을 때에 한 조각을 이루고 있는가? 제 공부를 돌아보아 부처와 조사를 붙잡을 만한가? 금생에 결정코 부처님의 지혜 목숨을 이을 수 있을까? 앉고 눕고 편할 때에 지옥 고생을 생각하는가? 이 한 세상 이 몸으로 반드시 윤회를 벗어나게 될까? 여덟 가지 바람[2]이 불어올 때에 마음이 움직이지 않는가? 이것이 참선하는 이들이 공부하여 가면서 때때로 점검하여야 할 도리이다. 옛 어른이 말씀하기를, "이몸 이때 못 건지면 다시 언제 건져 보랴!" 하였느니라.

大抵參禪者는 還知四恩이 深厚麼아 還知四大醜身이 念念衰朽麼아 還知人命이 在呼吸麼아 生來值遇佛祖麼아 及聞無上法하야 生希有心麼아 不離僧堂하야 守節麼아 不與隣單으로 雜話麼아 切忌鼓扇是非麼아 話頭가 十二時中에 明明不昧麼아 對人接話時에 無間斷麼아 見聞覺知時에 打成一片麼아 返觀自己하야 捉敗佛祖麼아 今生에 決定續佛慧命麼아 起坐便宜時에 還思地獄苦麼아 此一報身이 定脫輪廻麼아 當八風境하야 心不動麼아 此是參禪人의 日用中點檢底道理니라 古人云, 此身不向今生度하면 更待何

生度此身이리요 하니라.

註解

　네 가지 은혜란 부모와 나라와 스승과 시주의 은혜이다. 네 가지로 된 더러운 몸이란 아버지의 정수 한 방울과 어머니의 피 한 방울이 물의 젖은 기운이요, 뼈와 살은 땅의 단단한 기운이며, 정기와 피와 한 뭉치가 썩지도 않고 녹아버리지도 않는 것은 불의 더운 기운이요, 콧구멍이 먼저 뚫려 숨이 통하는 것은 바람의 움직임이다. 아난존자가 말씀하기를, "정욕이 거칠고 흐려서 더럽고 비린 것과 어울려 뭉쳐진다." 하였으니, 그래서 더러운 몸이라고 하는 바이다. 생각 생각에 썩어 간다는 것은 세월이 잠시도 쉬지 않아서 얼굴은 저절로 주름살이 잡히고, 머리털은 어느새 희어가니, 옛말에, "지금에 벌써 옛 모습 없네. 옛날에 어찌 지금 같았을까?" 한 바와 같도다. 과연 덧없는 몸이 아닌가! 덧없는 귀신이란 죽이는 것으로써 놀이를 삼는 터이라, 참으로 생각생각이 무서울 뿐이다. 날숨 들숨이 불 기운과 바람 기운이라, 사람의 목숨이 붙어 있는 곳이 오직 들이쉬고 내쉬는 숨에 있는 것이다. 여덟 가지 바람이란 대체로 마음에 맞는 것과 거슬리는 것의 두 가지 환경이다. 지옥 고생이란 인간의 60겁[3]이 지옥의 하루가 되는데, 쇳물이 끓고 숯불이 튀고 칼산과 창숲에 끌려다니는 고생들은 입으로 이루 다 말할 수 없는 것이다. 사람의 몸을 다시 받아 나기가 마치 바다에 떨어진 바늘을 찾기보다도 어렵기 때문에, 여기에서 불쌍히 여겨 일깨운 것이다.

四恩者는 父母君師施主恩也라 四大醜身者는 父之精一滴과 母之血一滴者니 水大之濕也라 精爲骨血爲皮者는 地大之堅也라 精血一塊不腐不爛者는 火大之暖也라 鼻孔先成하야 通出入息者는 風大之動也라 阿難曰, 欲氣麤濁하야 腥臊交遘라하니 此所以醜身也라 念念衰朽者는 頭上光陰이 刹那不停하니, 面自皺而髮自白이라 如云, 今旣不如昔하니 後當不如今이라 此無常之體也라 然이나 無常之鬼가 以殺爲戱하니 實念念可畏也라 呼者는 出息之火也라 吸者는 入息之風也라 人命寄托이 只在出入息也라 八風者는 順逆二境也라 地獄苦者는 人間六十劫이 泥犁一晝夜니 鑊湯爐炭과 劒樹刀山之苦가 口不可形言也라 人身難得이 甚於海中之鍼故로 於此에 愍而警之라

評

위에 말한 법문은 마치 사람이 물을 마시는 데 차고 더운 것은 제가 알 뿐인 것과 같다. 총명이 능히 업의 힘을 막지 못하고, 마른 지혜[4]가 고생 바다의 윤회를 면하지 못하는 것이니, 각각 살피고 생각하여 스스로 속지 말아야 한다.

評曰, 上來法語는 如人飮水에 冷暖自知라 聰明이 不能敵業이요 乾慧가 未免苦輪이니 各須察念하야 勿以自謾하라

譯註

1) 네 가지로 된 몸〔四大色身〕: 중국에서 금(金)·목(木)·수(水)·화(火)·토(土)의 오행(五行)을 말하듯, 인도에서는 옛날부터 땅〔地〕·물〔水〕·불〔火〕·바람〔風〕의 사대(四大)로써 자연계(自然界)의 온갖 것에 대한 구성요소로 삼았다.
2) 여덟 가지 바람〔八風〕: 우리의 마음을 흔들어서 움직이게 하는 여덟 가지 현상을 말한다. ① 나에게 이익되는 것〔利〕 ② 나의 세력이 죽어지는 것〔衰〕 ③ 나를 비난 공격하는 것〔毁〕 ④ 나를 높이 평가하는 것〔譽〕 ⑤ 나를 칭찬하는 것〔稱〕 ⑥ 나를 비웃는 것〔譏〕 ⑦ 고생되는 것〔苦〕 ⑧ 즐거운 것〔樂〕들이다.
3) 겁(劫): 범어 카르파(kalpa)의 음을 따라 갈랍파(羯臘波), 또는 겁파(劫波)라 하고, 다시 줄여서 겁(劫)이라 한다. 무한히 오랜 세월을 가리키는 말인데, 자세한 숫자는 여러 글에 일정하게 쓰이지 않았으나, 한 세계가 생겼다가 아주 없어지는 동안을 대겁(大劫)이라 하며, 그 사이가 80소겁(小劫)으로 되어 있다고 한다.
4) 마른 지혜〔乾慧〕: 비록 깨쳐서 지혜가 났더라도, 정(定)의 힘이 충실하지 못하면 그것을 마른 지혜라고 한다. 마른 지혜로 죽고 나는 이치를 알더라도, 나고 죽는 데 마음대로 자유자재하지는 못하다는 것이다.

23.

말을 배우는 무리들은 말할 때에는 깨친 듯하다가도, 실지 경계를 당하게 되면 그만 아득 캄캄하게 되니, 이른바 "말과 행실이 서로 틀린다"는 것이다.

學語之輩가 說時似悟나 對境還迷하니 所謂言行이 相違者也라.

[註解]

이것은 위에서 말한 '저절로 속는다'는 뜻을 맺는 말이다. 말과 행실이 같지 않고야 무슨 소용이 있으랴.

此는 結上自謾之意라 言行이 相違하니 虛實을 可辨이라

24.

나고 죽음을 막아내고자 하는가? 이 한 생각을 '탁!' 한 번 깨뜨려야만 바야흐로 나고 죽음이 아주 끊어지리라.

若欲敵生死인댄 須得這一念子를 爆地一破하야사 方了得生死니라.

註解

'탁!' 하는 것은 새까만 칠통[1]을 깨뜨리는 형용사이며, 칠통을 깨뜨려야 나고 죽음을 끊을 수 있다. 모든 부처님이 인지[2]에서 닦아가신 것은 오직 이것뿐이다.

爆地는 打破漆桶聲이라 打破漆桶然後에 生死可敵也라 諸佛因地法行者는 只此而已라

譯註

1) 칠통(漆桶) : 중생의 마음은 무명이 덮여서 어둡고 검기가 옻을 담은 통 속과 같기 때문이다.
2) 인지(因地) : 인행시(因行時)라고도 한다. 공부하여 정각(正覺)을 완성하는 경지, 곧 성불하는 것을 과지(果地)라 하고, 부처의 씨를 심고 그 싹을 길러가는 동안, 곧 닦아가는 오랜 시간을 인행시라 하며, 수행할 때 거치는 여러 계단 전부를 인행이라 한다.

25.

그러나 한 생각을 '탁!' 한 번 깨뜨린 뒤에라도 반드시 밝은 스승을 찾아가서 눈알이 바른가를 검사받아야[1] 한다.

然이나 一念子를 爆地一破然後에 須訪明師하야 決擇正眼이니라.

註解

이 일은 도무지 쉽지 않은 것이므로, 모름지기 갈수록 부끄러운 생각을 내어야 하는 것이다. '도' 란 것은 큰 바다와 같아서 들어갈수록 더욱더 깊어지는 것이니, 아예 작은 것을 얻어 가지고 만족하지 말라. 깨친 뒤에 만약 어른을 만나지 못하면 제호[2]와 같은 좋은 맛이 도리어 독약이 되리라.

此事는 極不容易하니 須生慚愧하야사 始得다 道如大海하야 轉入轉深이니 愼勿得小爲足하라 悟後에 若不見人則醍醐上味가 翻成毒藥하리라

譯註

1) 눈알이 바른가 검사받는다〔決擇正眼〕: 깨치는 정도에도 천층 만층

이 있다. 선지식(善知識)이라야 잘못 안 것과 옅게 깨친 것을 판단하여 주며, 바르고 깊게 인도하여 주는 것이다. 그러므로 스승 없이 스스로 깨친 것을 무사자오외도(無師自悟外道)라고 한다. 설사 혼자 깨쳤더라도 스승을 찾아가서 인가(印可)를 받는 것은 이 때문이다.
2) 제호(醍醐) : 옛날 인도에서 우유로써 만드는 것이 다섯 가지가 있었는데, 그 중 가장 품질이 좋은 것으로 맛이 제일 좋고 열병(熱病)에 귀중한 약품도 되는 것이 제호다. 이것은 히말라야 산에 있는 '비니'라는 풀만을 먹은 소의 젖으로 만든 것이 더욱 좋다고 한다.

26.

옛 어른이 말씀하기를, "다만 너의 눈 바른 것만 귀하게 여길 뿐이지, 너의 행실은 보려고 하지 않노라" 하였다.

古德云, 只貴子眼正이요 不貴汝行履處라 하니라.

> 註解

옛날 위산스님[1]이 묻는데 대하여 앙산[2]이 대답하기를, "『열반경』[3] 40권이 모두 마군의 말이라" 하였으니, 이것이 앙산의 바른 눈이다. 앙산이 다시 행실에 대하여 묻자 위산스님이 대답하기를, "자네의 눈 바른 것만 귀하게 여길 뿐이지, 자네의 행실은 보려고 하지 않노라" 하였으니, 이것이 바른 눈을 뜬 뒤에 행실을 말하게 되는 까닭이다. 그러므로 공부하려면 먼저 단박 깨쳐야 한다.

昔에 仰山이 答潙山問云, 涅槃經四十卷이 總是魔說이라 하니 此가 仰山之正眼也라 仰山이 又問行履處한대 潙山이 答曰, 只貴子眼正云云하니 此所以先開正眼而後에 說行履也라 故로 云, 若欲修行인댄 先須頓悟라하니라

譯註

1) 위산(潙山) : (771~853). 법명은 영우(靈祐), 속성은 조(趙)씨. 복건성(福建省) 복주부(福州府) 장계(長鷄)에서 났다. 열다섯 살에 출가하고, 스물셋에 백장선사(百丈禪師)의 법회에 가서 공부하였다. 추운 겨울에 밤 늦도록 방장실(方丈室)에 올라가서 문법(問法)하는데, 백장화상이 "화로에 불이 있느냐?"고 묻기에, 대강 뒤져보다가 불이 없다고 대답하였다. 화상은 친히 화로 속을 깊게 뒤져서 작은 불덩이 하나를 집어 들고, "이게 불이 아니고 무엇이냐?" 하는 데서 크게 깨쳤다. 그 뒤에 호남성(湖南省) 담주(潭州) 징사부(長沙府)에 있는 위산에 새로 절을 짓게 되자, 그곳에 가서 40여 년 교화하여 종풍(宗風)을 크게 떨쳤다. 회중(會衆)이 항상 1,500명을 넘었고, 입실(入室)하여 법을 이은 제자가 41명이었다.
2) 앙산(仰山) : (814~890). 법명은 혜적(慧寂), 속성은 섭(葉)씨. 광동

성(廣東省) 광주부(廣州府) 회화현(懷化縣)에서 났다. 어려서부터 출가하려 하였으나 부모가 허락하지 않으므로, 손가락 둘을 끊어 17세에 비로소 뜻을 이루게 되었다. 처음 탐원(耽源)선사에게서 깨친 바가 있었다가, 위산에 가서 참 부처의 있는 곳을 물었다. 위산이 대답하기를, "생각하여도 생각함이 없는 묘한 이치로써 끝없이 신령한 불꽃을 돌이켜 생각하여, 생각이 다하고 근원에 돌아가면 정신과 물질이 서로 여의지 않고, 일과 이치가 둘이 아닌 데 참 부처가 또렷하니라〔以思無思之妙 返思靈燄之無窮 思盡還源 性相常住 事理不二 眞佛如如〕" 하는 데서 크게 깨치고 그의 법을 이었다. 그 뒤 강서성(江西省) 대앙산(大仰山)에서 교화하였는데, 그의 제자 가운데에는 신라의 오관산(五觀山) 순지선사(順支禪師)도 있었다. 당나라 대순(大順) 1년 소주(韶州) 동평산(東平山)에서 77세로써 입적하였다. 후세에 위산과 앙산 두 분이 있던 곳의 한 글자씩을 따서 위앙종(潙仰宗)이라는 이름이 생겼다.

3) 열반경(涅槃經) : 한문으로 번역된 것이 여러 가지로, 소승부에 속하는 것이 세 가지나 되고, 대승부에 속하는 것으로 남본(南本)과 북본(北本)이 있다. 보통으로 말하는 것은 북본을 가리키는 것으로서, 북량(北涼)의 담무참(曇無讖)이 번역한 『대반열반경(大般涅槃經)』인데, 13품 40권으로 되어 있다. 내용은 석가여래께서 80년의 한 세상를 마칠 때의 설법과 자세한 사연이 적혀 있으며, 특히 부처님의 금강신(金剛身)은 늘 계시어서〔常住不滅〕 죽음이 없으며, 부처님의 참 수명은 끝이 없음을 가르치고 있다.

27.

바라건대 공부하는 이들은 자기의 마음을 깊이 믿어서, 스스로 굽히지도 말고 스스로 높이지도 말아야 한다.

願諸道者는 深信自心하야 不自屈不自高니라.

註解

이 마음이 평등하여 본래 범부와 성인이 없는 것이다. 이치는 그러하나 사람에 있어서는 어두운 이와 깨친 이가 있고, 범부와 성인이 있어서, 스승의 가르침을 받아 문득 참 내가 부처와 조금도 다름이 없음을 깨치는 것을 이른바 '단박 깨친다'는 것이다. 그러므로 스스로 굽히지 말 것이니, 저 '본래 아무 것도 없다'[1]고 한 것이 그것이요, 깨친 뒤에 익힌 버릇을 끊어 가면서, 범부를 고쳐 성인이 되는 것은 이른바 '오래 닦아 간다'고 한 것이다. 그러므로 스스로 높이지도 말 것이니, 저 '부지런히 털고 닦으라'[2] 한 것이 이것이다. 굽히는 것은 교를 배우는 이의 병통이요, 높이는 것은 참선하는 이의 병통이다. 교를 배우는 이는 참선 문 안에 깨쳐 들어가는 비밀한 법이 있는 것을 믿지 않고 거짓 가르친 데[3] 깊이 걸려, 참과 거짓을 따로 국집하여 관행[4]을 닦지 않고 남의 보배만 세게 되므로 스스로 뒷걸음질 치고 움추리는 것이며, 참선하는 이는 교문에 닦고 끊어 가는 좋은 길이 있는 것을 믿지 않아서, 물든 마음과 익힌 버릇이 일어날지라도 부끄러운 줄을 모르고, 공부의 정도가 유치하면서도 법에 대한 거만한 마음이 많기 때문에, 그 말하는 것이 지나치게 높기만하다. 그러므로 옳게 배워 마음을 닦는 이는 굽히지도 않고 높이지도 않는 것이다.

此心이 平等하야 本無凡聖이라 然이나 約人하면 有迷悟凡聖也라 因師激發하야 忽悟眞我가 與佛無殊者는 頓也니 此는 所以不自屈이라 如云, 本來無一物也라 因悟斷習하야 轉凡成聖者는 漸也라 此는 所以不自高라 如云, 時時勤拂拭也라 屈者는 敎學者病也요 高者는 禪學者病也라 敎學者는 不信禪門에 有悟入之秘訣하고 深滯權敎하야 別執眞妄하야 不修觀行하고 數他珍寶故로 自生退屈也라 禪學者는 不信敎門에 有修斷之正路하야 染習이 雖起나 不生慚愧하고 果級이 雖初나 多有法慢故로 發言이 過高也라 是故로 得意修心者는 不自屈不自高也니라

評

스스로 굽히지도 말고 스스로 높이지도 말라는 것은, 첫 마음 낼 때에 벌써 씨 안에 열매의 바다가 다 갖추어져 있다는[5] 것을 간략히 나타낸 것으로, 오직 한 자리뿐인 것을 믿어야 하겠지만, 보살들이 얻는 법의 열매가 씨의 근원에 사무친 것이

라는 것을 널리 나타내면 55위[6]가 분명히 있는 것이다.

評曰, 不自屈不自高者는 略擧初心의 因該果海則雖信之一位也나 廣擧菩薩의 果徹因源則五十五位也니라

譯註

1) 본래 아무 것도 없다〔本來無一物〕: 노행자(盧行者), 곧 육조의 글이다.
2) 부지런히 털고 닦아라〔時時勤拂拭〕: 신수(神秀)의 글이다.
3) 거짓 가르침〔權敎〕: 부처님의 깊은 이치는 보통사람으로서는 대번에 알기 어렵기 때문에, 일시적인 방편으로 처음에는 옅은 이치의 차별법(差別法)을 가르치다가, 나중에는 참된 실상(實相)의 둘 아닌 법〔不二法・眞如・平等〕을 말씀하게 된다. 그리하여 권교와 실교(實敎)의 다름이 있는 것이다. 이 권교를 방편설(方便說)이라고도 한다.
4) 관행(觀行): 관은 마음 눈으로 관찰하여 본다는 뜻이니 이치를 생각하고 안으로 비추어 보는 것이요, 행은 실지로 밟아 행하는 것이므로, 교학(敎學)을 공부하는 이는 눈과 입으로만 경전을 읽지 말고 마음으로 돌이켜 비추어 보는〔回光反照〕 공부를 하지 않으면 안 된다.
5) 씨 안에 열매의 바다가 갖추어져 있다〔因該果海 果徹因源〕: 청량국사(淸凉國師)의 『화엄경소』에 있는 말로서, 널리 무르녹고 서로 통하여 걸림없는〔圓融無碍〕 이치대로 본다면, 처음 발심할 때에 벌써 정각을 이룬〔初發心時便正覺〕 것이다. 그러므로 씨를 심기도 전에 바다와 같은 부처의 넓고 큰 공덕 열매〔佛功德果海〕가 그 씨〔因〕

속에 다 갖추어져 있는 것이기 때문에 부처의 자리〔佛位〕하나밖에 말할 것이 없지만, 차별문에 나아가 볼 때에는 보살들이 무량겁(無量劫) 동안에 분투 노력하여 55위(位)의 과정을 낱낱이 밟아 올라가서 비로소 시각(始覺)의 성불을 하게 되는 것이 사실이다.

6) 오십오위(五十五位) : 경전마다 조금씩 달리 말하였는데, 『능엄경(楞嚴經)』에 있는 대로 하면, 처음 간혜지(乾慧地)를 지나서 열 가지 믿음 자리〔十信〕, 열 가지 머무는 자리〔十住〕, 열 가지 나아가는 자리〔十行〕, 열 가지 돌이키는 자리〔十廻向〕, 네 가지 더 힘쓰는 자리〔四加行〕, 열 가지 땅〔十地〕을 낱낱이 다 지나 올라가야 성불하게 되는 것이라고 하였다.

28.

마음을 모르고 도를 닦는다는 것은 오직 무명만 도와주는 것이다.

迷心修道하면 但助無明이니라.

註解

철저히 깨치지 못하였다면 어찌 참되게 닦을 수 있으랴! 깨친 것과 닦는 것은 마치 기름과 불이 서로 따르고, 눈과 발이 서로 돕는 것과 같다.

悟若未徹인댄 修豈稱眞哉리요 悟修之義는 如膏明이 相賴하며 目足이 相資니라

29.

닦아가는 알맹이는 다만 범부의 생각이 떨어지는 것일 뿐, 따로이 성인의 알음알이는 없다.

修行之要는 但盡凡情이언정 別無聖解니라.

註解

병이 없어지고 약까지 쓰지 않는다면, 앓기 전의 그 사람이로다.

病盡藥除하면 還是本人이니라

30.

중생의 마음을 버릴 것 없이, 다만 제 성품을 더럽히지 말라. 바른 법을 찾는 것이 곧 바르지 못한 것이니라.

不用捨衆生心이요 但莫染污自性하라 求正法이 是邪니라.

註解

버리는 것이나 찾는 것이 다 더럽히는 것이니라.

捨者求者가 皆是染污也라

31.

번뇌를 끊는 것이 이승이요, 번뇌가 나지 않는 것이 큰 열반[1]이니라.

斷煩惱가 名二乘이요 煩惱不生이 名大涅槃이니라.

註解

끊는 것은 하는 것과 되는 바²⁾가 벌어지거니와, 나지 않는 것은 함도 됨도 없느니라.

斷者는 能所也요 不生者는 無能所也니라

譯註

1) 열반(涅槃) : 범어 니르바나(nirvāṇa)의 음을 따라 니반나(泥畔那)·니원(泥洹)·열반나(涅槃那)라 쓰고, 뜻으로 번역하여 멸(滅)·적멸(寂滅)·원적(圓寂)·안락(安樂)·해탈(解脫)이라 한다. 번뇌 망상이 일어나고 꺼짐이 없어져, 지극히 고요하고 깨끗하고 밝고 맑은 경지를 말함이니, 소승법(小乘法)에서는 번뇌를 끊어 버리고 생각을 일으키지 말아야 열반에 든다 하고, 대승법으로는 번뇌가 본래 없는 이치를 깨치면 생각이 일어나도 일어나는 것이 아니어서, 사바세계의 어떤 환경에서 무슨 일을 하든지 늘 열반의 즐거움이 되는 것이다. 따로 열반에 들고 나고 할 것 없이 무엇이나 다 열반이요 어느 때나 늘 열반이다. 이것이 큰 열반인 것이다.
2) 하는 것과 되는 바〔能所〕: 능동(能動)과 피동(被動), 또는 주인과 손〔賓〕 같은 말로도 표시되는데, 능히 움직이고 일하는 주체(主體), 그리고 되어가는 객체(客體)나 대상(對象)을 말함이다. 이와 같은 대대(待對)가 있게 되면 상대가 끊어진〔絶對境〕 참 이치〔眞理〕에 들어가지 못한다.

32.

모름지기 마음 속을 비우고 스스로 비추어 보아, 한 생각 인연 따라 일어나는 것이 나는 것 없는 줄을 믿어야 한다.

須虛懷自照하야 信一念緣起無生하며

> 註解

이것은 성품이 일어나는 것만을 밝힌 것이다.

此는 單明性起라

33.

죽이는 것이나, 도둑질 하는 것이나, 음란한 것, 거짓말 하는 것이 다 한 마음에서 일어나는 것임을 자세히 살펴보라. 그 일어나는 곳이 곧 비어 없는데 무엇을 다시 끊으랴!

諦觀殺盜淫妄이 從一心上起하면 當處便寂이니 何須更斷이리오

註解

이것은 성품과 형상을 함께 밝힌 것이다. 경에 말씀하기를, "무명을 아주 끊는다는 것은 한 생각도 일으키지 않는 것이다" 하였고, 또 "생각이 일어나자마자 곧 깨달으라" 하였다.

此는 雙明性相이라 經云, 不起一念이 名爲永斷無明이요 又云, 念起卽覺이라하니라

34.

꼭두각시 같은 줄 알면 곧 여읜 것이라 더 방편을 지을 것이 없고, 꼭두각시를 여의면 곧 깨친 것이라 또한 닦아갈 것도 없는 것이다.

知幻卽離라 不作方便이요 離幻卽覺이라 亦無漸次니라.

註解

　마음은 꼭두각시를 만드는 기사요, 몸은 꼭두각시가 있는 마을이며, 세계는 꼭두각시의 옷이요, 이름과 형상들은 꼭두각시의 밥이다. 그뿐 아니라 마음을 일으키고 생각을 내는 것이나 거짓이나 참이나 어느 것이 꼭두각시 아닌 것이 없다. 그러므로

　맨 처음 한 옛날에 곡두[1]같은 무명이
　근본 깨친 마음에서 모두 다 나왔었네
　모든 곡두 다같이 눈 어리어 뵈는 것
　곡두 없는 그곳을 부동지[2]라 이르네
　마치 꿈에 병이 나서 침과 약을 쓰려다
　잠이 한 번 깬다면 무슨 걱정 있으랴
　온갖 것이 곡두인 줄 알 때 또한 그러리

　心爲幻師也요 身爲幻城也라 世界는 幻衣也요 名相은 幻食也니 至於起心動念과 言妄言眞이 無非幻也니라 又無始幻無明이 皆從覺心生이라 幻幻이 如空花하니 幻滅하면 名不動이라 故로 夢瘡求醫者가 寤來에 無方便이라 知幻者도 亦如是니라

譯註

1) 곡두〔幻〕: 또는 눈꽃〔空眼花·空華〕. 근본무명(根本無明)이 언제 일어났는지 그 시초를 알 길 없으므로 '본래부터〔從本以來〕'라기

도 하고, '맨 처음〔無始〕'이라고도 한다. 무명이 일어나는 곳도 없고, 또한 그 실상(實相) 자체(自體)도 없는 것이므로 곡두(환상) 같다고도 하고, 눈이 어리어 허공이 서물거리는 눈꽃〔眼花〕 같다고도 하는 것이다. 이처럼 허환(虛幻)된 무명에서 나온 바 온갖 것이기에 모두 환상이며 공화(空華)인 것이다.

2) 부동지(不動地) : 마음 바탕〔心地〕이 본래 깨끗한 것을 깨쳐서, 한없이 밝고 뚜렷이 고요한 곳에 머물러 한 생각도 일어남이 없고, 온갖 주체와 대상이 끊어진 경지를 말함이다.

35.

중생이 나는 것이 없는 가운데에서 망령되게 생사와 열반을 보는 것이, 마치 꽃이 허공에서 서물거림을 보는 것 같다.

衆生이 於無生中에 妄見生死涅槃이 如見空花起滅이니라

註解

성품에는 본래 나는 것이 없는 까닭에 생사와 열반이 없고, 허공에도 본래 아무 것도 없는 터이므로 서물거릴 것이 없다. 났다 죽었다 하는 줄로 아는 것은 눈꽃이 일어나는 것을 보는 것과 같고, 열반이 있는 줄로 아는 것은 눈꽃이 꺼지는 것을 보는 것 같다. 그러나 일어나도 일어남이 없고 꺼져도 꺼짐이 없는 것이므로, 이 두 가지 소견에 대하여 더 따질 것이 없다. 그러므로 『사익경』[1)]에, "모든 부처님이 세상에 나오심이 중생을 건지려 함이 아니라, 오직 생사와 열반의 두 가지 소견을 건지려 함이라" 하였다.

性本無生故로 無生涅也요 空本無花故로 無起滅也라 見生死者는 如見空花起也요 見涅槃者는 如見空花滅也니라 然이나 起本無起요 滅本無滅이라 於此二見에 不用窮詰이니 是故로 思益經云, 諸佛出世가 非爲度衆生이요 只爲度生死涅槃二見耳라 하니라

譯註

1) 사익경(思益經) : 4권 18품, 구마라습 번역, 자세히는 『사익범천소문경(思益梵天所問經)』이라고 한다. 동방 일월광불국(日月光佛國)에서 온 사익 범천이 부처님과 문수보살·망명(網明)보살 같은 이들과 문답한 것으로, 모든 법이 비어서 고요한 까닭을 밝혔다.

36.

보살이 중생을 건져 열반에 들게 하였다 하더라도, 실로 열반을 얻은 중생이 없느니라.

菩薩이 度衆生入滅度나 又實無衆生得滅度니라.

註解

　보살은 다만 생각 생각으로써 중생을 삼는다. 생각의 본체가 빈 이치를 알아내는 것이 곧 중생을 건지는 것이다. 생각이 벌써 비어버리고 그 마음이 고요한 이는 참으로 건질 바 중생이 따로 없다.
　이상은 믿음과 깨침을 논의한 것이다.

菩薩은 只以念念으로 爲衆生也니 了念體空者는 度衆生也요 念旣空寂者는 實無衆生得滅度也니라
　此上은 論信解라

37.

이치는 비록 단박 깨쳤으니, 버릇은 한꺼번에 가시어지지 않는 것이다.

理雖頓悟나 事非頓除니라.

註解

　문수보살은 본바탕에 사무쳤고, 보현보살[1]은 인연 따라 일어나는 이치를 밝히었다. 알기는 번갯불 같아도 행동은 어린아이 같은 것이다.

　이 아래는 닦는 것과 깨치는 것을 논의한다.

　文殊는 **達天眞**하고 **普賢**은 **明緣起**하니 **解似電光**이나 **行疼窮子**라

　此下는 **論修證**이라

譯註

1) 문수(文殊) 보현(普賢) : 모든 보살들은 다 각각 부처님 공덕의 어느 한 부분만을 나타내어 그것이 그의 특징이 된다. 문수보살은 지혜(智慧)를 표방하므로 본래 성불한 천진면목(天眞面目), 곧 체성(體性)을 가리키고, 보현보살은 신훈(新熏)의 닦아가는 육도만행(六度萬行)을 표방하므로 모든 법이 인연을 따라 일어나는 작용(作用)을 가리킨다.

38.

음란하면서 참선하는 것은 모래를 쪄서 밥을 지으려는

것 같고, 살생하면서 참선하는 것은 제 귀를 막고 소리를 지르는 것 같으며, 도둑질하면서 참선하는 것은 새는 그릇에 물 차기를 바라는 것 같고, 거짓말하면서 참선하는 것은 똥으로써 향을 만들려는 것과 같다. 이런 것들은 비록 많은 지혜가 있더라도 다 악마의 길을 이룰 뿐이다.

帶婬修禪은 如蒸沙作飯이요 帶殺修禪은 如塞耳叫聲이요 帶偸修禪은 如漏巵求滿이요 帶妄修禪은 如刻糞爲香이니 縱有多智라도 皆成魔道니라.

註解

이것은 닦아가는 법칙의 세 가지 무루학[1]을 밝힌 것이다. 소승은 법을 받아 지킴으로써 계율을 삼기 때문에 대강 그 끝을 다스리게 되고, 대승은 마음을 거둠으로써 계율을 삼는 까닭에 자세히 그 뿌리를 끊는 것이다. 그러므로 법으로 지키는 계율은 몸으로써 범하는 일이 없는 것이요, 마음으로써 지키는 계율은 생각으로 범하는 일까지 없는 것이다. 음란한 것은 깨끗한 성품을 끊는 것이고, 살생하는 것은 자비스런 마음을 끊는 것이며, 도둑질하는 것은 복과 덕을 끊는 것이고, 거짓말하는 것은 진실한 것을 끊음이다. 어쩌다가 지혜를 이루어 여섯 가지 신통[2]까지 얻었더라도, 만약 살생과 도둑질과 음란한 짓과 거짓말하는 일을 끊지 않는다면, 반드시 악마의 길에 떨어져서 아주 보리[3]의 바른 길을 잃을 것이다.

   이 네 가지 계율은 온갖 계율이 근본이므로, 따로 밝혀서 생각으로도 범함이 없도록 해야 한다. 생각하지 않는 것을 계율이라 하고, 생각이 없는 것을 선정이라 하며, 어리석지 않은 것을 지혜라 한다. 다시 비유해서 말하자면, 계율은 도둑[4]을 잡는 것이요, 선정은 도둑을 묶어놓는 것이며, 지혜는 도둑을 죽여 버리는 것이다. 또한 계의 그릇이 온전하고 튼튼하여야 선정의 물이 맑게 고이고, 따라서 지혜의 달이 나타나게 될 것이다. 이 삼학(三學)은 참으로 만법의 근원이 되는 것이기 때문에, 특별히 밝혀서 온갖 새어 흐르는 일이 없게 하는 것이다.

   영산회상에 어찌 함부로 지내는 부처가 있었겠으며
   소림 문하[5]에 어찌 거짓말하는 조사가 있었으랴!

   此는 明修行軌則이니 三無漏學也라 小乘은 稟法爲戒하야 粗治其末이요 大乘은 攝心爲戒하야 細絶其本이니 然則法戒는 無身犯이요 心戒는 無思犯也라 婬者는 斷淸淨하고 殺者는 斷慈悲하고 盜者는 斷福德하고 妄者는 斷眞實也라 能成智慧하야 縱得六神通이라도 如不斷殺盜婬妄則必落魔道하야 永失菩提正路矣리라 此四戒는 百戒之根故로 別明之하야 使無思犯也라 無憶曰戒요 無念曰定이요 莫妄曰慧라 又戒爲捉賊이요 定爲縛賊이요 慧爲殺賊이라 又戒器完固하야사 定水澄淸하야 慧月方現이니 此

三學者는 實爲萬法之源故로 特明之하야 使無諸漏也니라

靈山會上에 豈有無行佛이며 少林門下에 豈有妄語祖리요

譯註

1) 세 가지 무루학〔三無漏學〕 : 세 가지 흐르거나 새어나감〔流漏〕이 없이 닦아감을 말한다. 법계(法界) 체성(體性)을 지키지 못하고, 망령된 생각이 쉴 새 없이 흘러나오지 못하도록 하는 공부에 세 가지 중요한 것이 있다. 곧 계율과 선정(禪定)과 지혜(智慧)가 그것이다. 이것을 간략히 삼학(三學)이라고도 한다. 그러나 세 가지가 근본적으로 다른 것이 아니라 서로 통하고 같이 이어진 것이다.

2) 육신통(六神通) : 보통 사람으로서는 헤아릴 수 없는 것을 헤아림을 신(神)이라 하고, 걸림없는 것을 통(通)이라 한다. 이 신통에 대해서는 여러 가지로 말하지마는 흔히 여섯 가지로 말한다. ① 신족통(信足通)은 공간에 걸림없이 왕래하며 그 몸을 마음대로 변화할 수 있는것, ② 천안통(天眼通)은 멀고 가까움과 크고 작은 것에 걸림없이 무엇이나 밝게 보는 것, ③ 천이통(天耳通)은 멀고 가까움과 높고 낮음을 가릴 것 없이 무슨 소리나 잘 듣는 것, ④ 타심통(他沁通)은 사람뿐 아니라 어떤 중생이라도 그 생각하는 바를 다 아는 것, ⑤ 숙명통(宿命通)은 자기뿐 아니라 육도(六道) 모든 중생의 전생·금생·후생의 온갖 생애를 다 아는 것, ⑥ 누진통(漏盡通)은 번뇌 망상이 완전히 끊어진 것이다. 제1통으로부터 제5통까지는 그 정도의 차이는 있을지언정, 마음을 고요히 가지기만 힘쓰는 유루정(有漏定)을 닦는 외도(外道)나 신선(神仙)·하늘 사람〔天人〕·귀신들도 얻을 수가 있고, 약을 쓰든지 주문(呪文)을 읽어도 될 수 있다. 그러

나 누진통만은 아라한(阿羅漢)이나 불·보살만이 가능한 것이다.
3) 보리(菩提) : 범어로는 보디(bodhi)이며, 도(道)·지(智)·각(覺)이라 번역. 깨달음·정각(正覺)의 지혜를 얻기 위하여 닦는 도(道), 곧 불과에 이르는 길을 말한다. 범어의 음대로 쓰면 '보디' 라고 하겠지만, 우리말의 관습상 '보리' 로 읽는다.
4) 도둑(賊) : 번뇌 망상이 참 성품을 해롭게 하는 것이므로, 번뇌를 가리켜 도둑이라고도 한다.
5) 소림문하(少林門下) : 하남성(河南省) 숭산(嵩山) 소실봉(少室峰) 아래에 소림사(少林寺)가 있는데, 중국 선종(禪宗)의 초조(初祖) 달마대사가 9년 동안 이 절 석굴 속에서 돌아앉아〔面壁〕있다가, 혜가(慧可)에게 법을 전하여 중국에 선법(禪法)이 퍼지게 되었다.

39.

덕이 없는 사람은 부처님 계율을 내던지고 삼업[1]을 삼가지 아니하고 함부로 놀면서 게을리 지내며, 남을 우습게 보아 따지고 시비하는 것을 일삼고 있다.

無德之人은 不依佛戒하며 不護三業하며 放逸懶怠하야 輕慢他人하며 較量是非로 而爲根本하니라

註解

마음 계율을 한 번 깨뜨리면 온갖 허물이 함께 일어난다.

一破心戒하면 百過俱生이니라

評

이와 같은 마군의 떼들이 말법[2]에 불붙듯 일어나서 정법을 어지럽게 하는 것이니, 공부하는 이들은 잘 알아두라.

評曰, 如此魔徒가 末法에 熾盛하야 惱亂正法하니 學者는 詳之니라

譯註

1) 삼업(三業) : 몸[身]과 말[語]과 뜻[意]으로 짓는 세 가지. 행동 전체를 말한다.
2) 말법(末法) : 부처님의 교법이 세상에 전하여 가면서 중생을 교화하는 데 대하여 부처님께서 예언한 바가 있다. 처음 오백 년 동안은 정법(正法) 시기가 되어 교법이 온전히 있음은 물론, 닦아가는 사람도 많고 닦는 사람은 대개 깨쳐서 성과(聖果)를 얻게 된다. 그 다음 천 년 동안은 상법(像法), 곧 정법과 비슷한 시기로, 교법도 있고 수행하는 사람도 있지마는 깨치는 사람은 적게 된다. 그 다음 만 년 동안은 말법, 곧 쇠잔하고 미약한 교법이 남아 있는 시기가 되어, 닦는 사람이 별로 없으리라고 하셨다. 그러나 이것은 그때 인도만을 표준한 말인 듯하다. 인도의 불교사는 과연 그대로 되었다. 부처님께서

아난에게 대답하여 예언하기를, 불교가 중인도에서는 차츰 쇠미하게 되겠으나, 변지(邊地)와 외국에 널리 전파되어 점점 융성하게 되리라고 하였다. 과연 불교의 중심이 중인도로부터 북부인도와 세일론으로 옮기었고, 다시 중앙아시아로, 북부아시아로 옮아가게 되었다. 중국・한국・일본에 불교가 왕성하고 많은 도인(道人)이 난 것도 다 부처님이 열반한 지 1,500년 이후의 일이었다. 다시 말하면, 말법이라는 시기가 시작된 뒤의 일이다. 그러므로 세계적으로 불교 교단 전체를 통하여 볼 때에는 말법시기가 일정하게 되지 않을 것이다. 팔리어로 된 『잡아함경(雜阿含經)』에는, "부처님의 제자들이 부지런히 신(身)・수(受)・심(心)・법(法)의 사염주(四念住)를 닦아서 탐욕과 분노를 끊으면 정법은 영원토록 세상에 머물러 빛나게 될 것이나, 수행하지 않게 되면 정법은 곧 소멸하고 말 것이다"라고 하였으며, 여러 경전에도, "누구나 부처님 말씀대로 닦으면 반드시 견성 성불한다" 하였고, 조사들의 말씀에는, "참선하는 이가 견성하는 것은 세수하다가 코를 만지는 것처럼 아주 쉽고 당연한 일이라" 하였으므로, 누구나 공부하면 반드시 성공할 것이다. 다만 우리는 사학(邪學)과 외도(外道)가 번성한 이 시대에 났으니만큼, 망령된 알음알이를 내지 말고 줄기차게 정진한다면, 하나도 실패함이 없을 뿐 아니라 정법은 영원히 나갈 것이다.

40.

만약 계행이 없으면 비루병 생긴 여우의 몸도 받지 못한다하였거든, 하물며 깨끗한 부처의 열매를 바랄 수 있으랴.

若不持戒하면 尚不得疥癩野干之身이온대 況淸淨菩提果를 可冀乎아

註解

계율을 존중하기를 부처님 모시듯 한다면, 부처님이 늘 계시는 것이 될 것이다. 모름지기 풀에 매여 있고[1] 거위를 살리던[2] 옛 일로써 본보기를 삼아야 한다.

重戒如佛하면 佛常在焉이라 須草繫鵝珠로 以爲先導니라

譯註

1) 풀에 매어 있고[草繫] : 옛날 인도에서 있었던 일인데, 어떤 비구가 들을 지나다가 도둑을 만났다. 도둑은 옷을 벗기고 빼앗은 다음 비구를 풀에 매어두고 가버렸다. 그는 풀이 끊어질까 염려하여, 뜨겁고 배고픔을 참으며 그대로 움직이지 않고 있었다. 때마침 사냥 나왔던 임금이 이것을 보자 풀어주고, 그 까닭을 듣고서 비구의 행동에 크게 감동하여 불교에 귀의(歸依)하였다.
2) 거위를 살리다[鵝珠] : 한 비구가 보석을 연마하는 집에 가서 걸식을 하는데, 마침 임금의 부탁으로 홍보석을 갈고 있던 주인이 잠시 안으로 들어간 사이에 거위 한 마리가 돌아다니다가 그 보석을 먹어

버렸다. 주인이 나와서 보석을 찾다가 그 비구를 의심하여 힐문하는데, 본 대로 말한다면 거위는 당장에 죽게 될 것이므로 모른다고만 대답하였다. 주인이 비구를 묶어놓고 마구 때리자 피가 흘렀고, 거위는 땅에 떨어지는 피를 먹고 있었다. 주인은 홧김에 거위를 발로 차서 죽였다. 그제야 비구는 사실대로 말하였다. 주인은 눈물을 흘려 참회하고 진심으로 귀의하였다.

41.

나고 죽는 데서 벗어나려면 먼저 탐욕과 애정의 불꽃을 꺼버려야 한다.

欲脫生死인댄 先斷貪欲과 及除愛渴이니라

註解

사랑은 윤회의 근본이 되고, 정욕은 몸을 받는 인연이 되는 것[1]이다. 부처님이 이르시기를, "음심을 끊지 못하면 티끌 속에서 나올 수 없다" 하였고, 또한 "애정이 한번 얽히게 되면 사람을 끌어다가 죄악의 문에 처넣는다" 하였다. 애정의 불꽃이란 애정이 너무 간절하여 불붙듯 함을 말함이다.

愛爲輪廻之本이요 欲爲受生之緣이라 佛云, 婬心不除하면 塵不可出이라 하시고 又云, 恩愛一縛着하면 牽人入罪門이라 하시니라 渴者는 情愛之至切也라

>譯註

1) 정욕은 몸을 받는 인연이 된다〔欲爲受生之緣〕: 식신(識神)이 윤회(輪廻)함에 있어 천상이나 귀신이나 지옥 같은 데는 그대로 가서 나게 되거니와, 인간이나 온갖 동물계에서 육신을 받아 나게 될 때에는 법의 힘이나 원(願)의 힘으로 나는 것은 예외로 하고, 대체로 중생들은 그 업의 힘으로 인하여 정신이 흐리고 생각이 그릇되어, 오직 정욕이 불붙듯 하는 음심(淫心)으로 그 부모 될 상대의 이성(異性)을 사모하여 가까이 대들다가 태(胎)에 들게 되는 것이다. 그러므로 몸을 받는 직접 동기는 음욕에서 생긴다.

42.

걸림없는 맑은 지혜가 다 선정에서 나온다.

無碍淸淨慧가 皆因禪定生이니라

註解

범부에서 뛰어나 성현의 지위에 들어가거나, 앉아 벗고 서서 가는 것[1]은 모두 선정의 힘이니라. 그러기에 옛 어른이 이르기를, "거룩한 길 찾으려면 이것 밖의 딴 길 없네"라고 하였다.

超凡入聖하야 坐脫立亡者는 皆禪定之力也니라 故로 云, 欲求聖道인댄 離此無路니라

譯註

1) 앉아 벗고 서서 가는 것[坐脫立亡] : 선정의 힘이 충실하면 육신의 생사를 마음대로 하여, 등은봉(鄧隱峰)과 같이 거꾸로 서서 죽기도 하는 것이다. 수행을 많이 한 이들은 거의 앉아 죽고, 대개 고통 없이 고요히 가는 것이 사실이다.

43.

마음이 정[1] 속에 있게 되면, 능히 세간의 일어났다 꺼졌다 하는 모든 일을, 다 밝게 알게 되는 것이다.

心이 在定則能知世間生滅諸相하나니라.

註解

햇살 쏘이는 작은 문틈에 가는 티끌이 고물거리고, 맑고 고요한 물에 온갖 그림자 또렷이 보이도다.

虛隙日光에 纖埃擾擾하고 淸潭水底에 影像昭昭니라

譯註

1) 정(定) : 범어 삼마디(samādhi)를 음대로 써서 삼마지(三摩地)·삼마야(三摩耶), 또는 삼매(三昧)라고 한다. 마음이 움직이지 않아서 생각이 일어났다 꺼졌다 하지 않는 것을 말한다.

44.

현실 경계를 당하여도 마음이 일지 않은 것을 '나지 않는다〔不生〕'고 하고, 나지 않는 것을 '생각이 없다〔無念〕'고 하는 것이며, 생각이 없는 것을 해탈이라 한다.

見境心不起가 名不生이요 不生이 名無念이요 無念이 名解脫이니라

註解

계율이나 선정이나 지혜 가운데, 하나만 들면 셋이 모두 갖추어지는 것이요, 하나씩 따로 있는 것이 아니다.

戒也定也慧也가 擧一具三이요 不是單相이니라

45.

도를 닦아 열반을 얻는다면 이것은 참 이치가 아니다. 마음 법이 본래 고요한 것을 알아야 그것이 참 열반인 것이다. 그러므로 "온갖 것이 본래부터 늘 그대로 열반이니라"[1] 고 하신 것이다.

修道證滅이 是亦非眞也요 心法本寂이 乃眞滅也라 故로 曰, 諸法從本來로 常自寂滅相이라 하니라

註解

제 눈은 제가 볼 수 없는 것이니, 제 눈을 본다면 참이 아니다. 그러므로 묘수보살[2]은 생각으로 따졌는데, 유마힐[3]은 말

이 없었다.

이 아래에서는 자잘한 행실을 낱낱이 들어 말하기로 한다.

眼不自見이니 見眼者는 妄也라 故로 妙首는 思量하고 淨名은 杜默하니라

以下는 散擧細行이라

譯註

1) 온갖 것은 본래 늘 그대로 열반이다〔諸法從本來常自寂滅相〕: 『법화경』「방편품(方便品)」에 있는 게송이다. 중생을 고쳐서 부처가 되는 것이 아니다. 탐(貪)·진(瞋)·치(痴)의 삼독심(三毒心)이 그대로 곧 열반이며, 사바세계의 고해(苦海)가 그대로 곧 극락세계인 것이다.

2) 묘수(妙首): 범어 만수사리(mañjuśri)를 음대로 써서 만수실라(曼殊室利)·문수사리(文殊師利)라 하고, 줄여서 문수(文殊), 또는 만주(滿珠)라고 한다. 뜻으로 번역하면 문수(文殊)는 '묘(妙)하다'는 뜻이고, 사리(師利)는 '머리〔首〕, 또는 덕(德)·길상(吉祥) 같은 말들이 된다.

3) 유마힐(維摩詰): 범어 비마라키르티(Vimalakīrti)를 음대로 써서 유마라힐(維摩羅詰)·비마라힐(毘摩羅詰)이라 하고, 줄여서 유미힐, 또는 유마(維摩)라고만 한다. 뜻으로 번역하면 정명(淨名) 또는 무구칭(無垢稱)이 되는데, 우리말로는 '깨끗한 이름'이란 뜻이다. 인도 비사리성(毘舍利城)에서 거사(居士)로 지내면서 보살행업을 닦아 크게 교화하였다. 그 수행이 갸륵하여 부처님의 제자들도 미칠

수 없었다. 그가 병들어 누우매 부처님 제자들이 모두 가서 문병하는데, 둘 아닌 이치〔不二法〕에 대하여 여럿이 돌아가면서 말하게 되었다. 마지막으로 문수보살은 "말할 수 없다"고 하였는데, 유마힐은 아무 말도 하지 않고 가만히 앉아 있기만 하였다. 그리하여 모두 "유마거사가 가장 둘 아닌 법을 잘 연설한다"고 칭찬하였다. 이것은 『유마경』의 주요한 내용이다.

46.

가난한 이가 와서 빌거든 분수대로 나누어 주되, 한몸같이 두루 어여삐 여기면 이것이 참 보시[1]이니라.

貧人이 來乞커든 隨分施與하라 同體大悲가 是眞布施니라

註解

나와 남이 둘 아닌 것이 한몸이다. 빈 손으로 왔다가 빈 손으로 가는 것이 우리들의 살림살이니라.

自他爲一曰同體요 空手來空手去가 吾家活計라

譯註

1) 보시(布施) : 범어 다나(dāna)의 음을 따라 단나(檀那)라고도 쓴다. 남에게 베풀어 준다는 뜻이다. 재물로써 주는 것을 재시(財施)라 하고, 설법하여 정신의 양식과 도덕의 재산을 풍부하게 하여 주는 것을 법시(法施)라 하며, 계를 지니어 남을 침해하지 아니하거나 두려워하는 마음이 없게 하여 주는 것을 무외시(無畏施)라 한다.

47.

만약 누가 와서 해롭게 하더라도 마음을 단속하여 성내거나 원망하지 말아야 한다. 한 생각 골내는 데 온갖 장애가 벌어진다.

有人이 來害어든 當自攝心하야 勿生瞋恨하라 一念瞋心 起하면 百萬障門開니라

註解

번뇌가 비록 한량이 없으나 성내는 것이 으뜸이다. 『열반경』에, "창칼로써 찌르거나 향수나 약을 발라 주더라도 두 가지에 다 무심하라[1]" 하였으니, 마음닦는 이가 성내는 것은 맑

은 구름 속에서 번갯불이 일어남과 같은 것[2]이다.

煩惱雖無量이나 瞋慢이 爲甚이라 涅槃云, 塗割에 兩無心하라 하시니 瞋如冷雲中에 霹靂起火來니라.

譯註

1) 창칼로 찔러도 무심하라〔塗割兩無心〕: 한 사람은 와서 칼로 그 팔을 찍어 내고, 한 사람은 와서 전단향수(旃檀香水)로 씻어주고 좋은 약을 발라 준다 하여도, 미워하거나 감사한 생각이 함께 없어야 한다고 하였다.
2) 성내는 것은 맑은 구름 속에서 번갯불이 일어남과 같다〔瞋如冷雲中 霹靂起火來〕: 마음을 닦는 이로서 성내는 것은 도저히 있을 수 없는 일이다.

48.

만약 참는 행실이 없다면 만 가지 행실이 다 이루어지지 못하리라.

若無忍行하면 萬行不成이니라.

註解

　닦아가는 길이 한정없지만, 자비[1]와 인욕[2]이 근본이 된다. 참는 마음이 꼭두각시의 꿈 같다면, 욕보는 현실은 거북의 털[3] 같느니라.

　行門이 雖無量이나 慈忍이 爲根源이라 忍心은 如幻夢이요 辱境은 若龜毛니라

譯註

1) 자비(慈悲) : 자비는 사랑하는 것과 불쌍히 여기는 것인데, 네 가지 끝없는 마음〔四無量心〕가운데 두 가지이다. 모든 중생에게 실제로 즐거움을 주는 것을 '자(慈)' 라 하고〔慈能與樂〕, 중생의 고통을 실제로 덜어주며 근본적으로 그 근심 걱정과 슬픔의 뿌리를 뽑아내어 주는 것을 '비(悲)' 라고 한다〔悲能拔苦〕.
2) 인욕(忍辱) : 욕되는 것을 견디어 참는 것이다. 여섯 가지 바라밀〔六波羅蜜〕가운데 하나로 어떠한 곤란이나 역경을 당하더라도 남을 원망하거나 성내거나 그 고통과 곤란을 피하려고 하지 않고 즐겁게 받아야 한다.
3) 꼭누각시의 꿈과 거북의 털〔幻夢龜毛〕: 모두 없는 것을 표현하는 말이다. 도인으로서 '나와 남' 의 구별이나 '능소(能所)' 의 관념이 있어서는 안 된다. 욕됨을 참는 것도 참으로 '나' 가 없다는 무아(無我)의 이치를 밝게 알면, 욕을 받을 주체가 없는데, 욕이 되고 곤란이 될 객체가 어디 있으랴.

49.

본바탕 천진한 마음을 지키는 것이 첫째가는 정진이니라.

守本眞心이 第一精進이니라

註解

만약 정진할 생각을 일으키면, 이것은 망상이요 정진[1]이 아니다. 그러므로 옛 어른이 말씀하기를, "망상 내지 말아라! 망상 내지 말아라!"[2] 한 것이다. 게으른 사람은 늘 뒤만 돌아보고 있으니, 이런 사람은 스스로 자기를 버리는 것이다.

若起精進心하면 是妄이요 非精進이라 故로 云, 莫妄想莫妄想하라하니라 懈怠者는 常常望後하나니 是自棄人也니라

譯註

1) 정진(精進) : 순일하고 물들지 않는 마음으로 항상 부지런히 닦아 줄기차게 나아가는 것이다. 그러나 닦는 생각〔能〕과 닦는 것〔所〕이 있어서는 안 된다. 함이 없이 하는 것이 정진이다.
2) 망상 내지 말라〔莫妄想〕 : 분양무업(汾陽無業, 762~823) 선사는 누가 무슨 말을 묻든지 한결같이 대답하기를, "망상 내지 말아라! 망상 내지 말아라!"고 하였다.

50.

持呪者는 現業은 易制라 自行可違어니와 宿業은 難除라 必借神力이니라.

진언¹⁾을 외우는 이유는, 금생에 지은 업은 다스리기 쉬워서 나의 힘으로도 고칠 수가 있지만, 전생에 지은 업은 지워버리기가 어렵기 때문에 반드시 신비한 힘을 빌어야 하는 것이다.

註解

마등가[2)]가 법의 열매를 얻었다는 것은 참으로 거짓말이 아니다. 그러므로 진언을 외우지 않고 마의 장애를 아주 피할 수는 없다.

魔登의 得果가 信不誣矣라 故로 不持神呪하고 遠離魔事者는 無有是處니라

譯註
1) 진언(眞言) : 범어 만트라(mantra)의 음대로 써서 만다라라 하고, 뜻으로 번역하여 진언(眞言)·신주(神呪)·비밀어(秘密語)라고도

한다. 참되어서 허망하지 않은 말이란 뜻도 되고, 진여(眞如)의 법을 가르치는 말씀이란 뜻도 되며, 그 미묘한 뜻과 신비한 힘은 말로 설명할 수 없고 생각으로도 헤아릴 수 없다 하여 신주(神呪)라고도 하고 비밀주(秘密呪)라고도 하며, 모든 이치가 다 갖추어져 있다〔總持〕하여 다라니(陀羅尼)라고도 한다. 따라서 이것은 번역하지 않고 범음(梵音) 그대로 외우게 된다. 여러 글자로 된 것도 있고, 한 자로 된 것도 있으며, 글자가 없는 것도 있는데, 이치로 볼 때에는 물 소리나 바람 소리까지도 모두 다 진언 아님이 없다.

2) 마등가(摩登伽) : 범어 마당가(mātaṅga)를 음역한 것으로 인도에서 가장 천하게 여기는 백정 같은 종성(種姓)을 일컫는 이름이다. 그들 가운데서 발길제(鉢吉帝, prakṛti)라 하는 여인이 아난존자를 보고 부정한 마음을 일으켜서, 요망한 주술〔邪呪〕로써 아난을 유인하여 그 방 안에 붙잡아두었다. 그때 문수보살이 정광신주(頂光神呪)로써 두 사람을 건져내었다. 그 여인은 마침내 머리를 깎고, 기원정사(祇園精舍)에 가서 부처님의 설법을 듣고 곧 깨쳐서 아라한(阿羅漢)이 되었다.

51.

예배는 공경하는 것이요 굴복하는 것이니, 참다운 성품을 공경하고 무명을 굴복시킨다.

禮拜者는 敬也요 伏也니 恭敬眞性하고 屈伏無明이니라

註解

몸과 말과 뜻이 함께 청정하면 그것이 곧 부처님이 나타나신 것이다.

身口意淸淨則佛이 出世니라

52.

염불에 있어서 입으로 하는 것은 송불이요, 마음으로 하는 것이 염불이다. 입으로만 부르고 마음으로 생각지 아니하면, 도를 닦는 데 소용이 없다.

念佛者는 在口曰誦이요 在心曰念이니 徒誦失念하면 於道無益이니라.

註解

'나무아미타불'[1]의 여섯 자 법문은 윤회를 결정코 벗어나는 지름길이다. 마음으로는 부처님의 세계를 생각하여 잊지 말고, 입으로는 부처님의 명호를 똑똑히 불러 헛갈리지 말아야 한다. 이와 같이 마음과 입이 서로 합치되는 것이 염불이다.

阿彌陀佛六字法門이 定出輪廻之捷徑也라 心則緣佛境界하야 憶持不忘하고 口則稱佛名號하야 分明不亂이니 如是心口相應이 名曰念佛이니라

> 評

　오조스님[2]이 이르기를, "자기의 참 마음을 지키는 것이 시방[3]의 모든 부처님을 생각하는 것보다 낫다" 하였으며, 육조스님은, "딴 부처님만 생각하여서는 생사를 면하지 못할 것이요, 자기의 본심을 지키면 곧 저 언덕[4]에 이른다" 하였고, 또한 "부처는 제 성품 속에서 지을 것이며, 몸 밖에서 구하지 말라"고도 하시고, "모르는 사람은 염불하여 극락세계에 나기를 원하지만, 깨친 사람은 그 마음을 스스로 깨끗이 할 뿐이다", "중생이 마음을 깨쳐서 스스로 건지는 것이요, 부처님이 중생을 건지는 것은 아니다" 라고 하였다.

　위에 말씀한 여러 어른들은 근본 마음을 똑바로 가르치시고 딴 방편이 없었다. 이치대로 말하자면 참으로 그러하거니와, 현실에 있어서는 극락세계가 확실히 있는 것이고, 아미타불의 48원[5]이 분명히 있었으므로, 누구나 열 번만 염불[6]하는 이는 그 원의 힘을 입어 연꽃 태속에 가서 나고[7] 쉽사리 윤회를 벗어난다는 것을, 삼세[8]의 모든 부처님이 다 같이 말씀하시고, 시방의 온갖 보살들도 모두 그곳에 태어나기를 원하는 것이다. 하물며 옛날이나 지금이나 극락세계에 가서 난 사람

들의 사적이 분명하게 전하여 있으니, 공부하는 이들은 아예 그릇 알지 말라. 부디부디!

 범어의 아미타(阿彌陀)[9]는 우리말로 하면 '끝없는 목숨〔無量壽〕' 또는 '끝없는 빛〔無量光〕'이란 뜻이니, 시방과 삼세에서 첫째가는 부처님의 명호이다. 그 닦을 때의 이름은 법장비구였는데, 세자재왕 부처님 앞에서 48원을 세우고 말씀하시기를, "내가 성불할 때에 시방의 한량없는 많은 세계의 모든 하늘 사람과 인간들은 물론이고, 작은 벌레들까지라도 나의 이름을 열 번만 부르면, 반드시 나의 세계에 와서 날 것이다. 만약 이 원이 실현되지 못한다면 나는 성불하지 않겠노라" 하였다. 옛 어른이 말씀하시기를, "염불 한 마디에 악마들의 가슴이 떨리고, 그 이름이 저승의 문서에서 지워지며 연꽃이 금못에 나온다" 하였으며, 또한 '참법'[10]이 이르기를, "제 힘과 남의 힘이 하나는 더디고 하나는 빠르다. 바다를 건너가려면 사람이 나무를 심어서 배를 만들려면 더딜 것이니, 그것은 제 힘에 비유한 것이고, 남의 배를 빌려서 바다를 건넌다면 빠를 것이니, 그것은 부처님의 힘에 비유한 것이다." 또한 "어린 아이가 물이나 불에 쫓기어 큰 소리로 부르짖게 되면, 그 부모가 듣고 급히 달려와서 구원하는 것과 같이, 사람이 임종 때에 큰 소리로 염불하면, 부처님은 신통을 갖추었으므로 반드시 오셔서 맞아가리라. 그것은 부처님의 자비는 세속의 부모보다도 더 깊으시고, 중생의 나고 죽는 고생은 물이나 불보다도 더 참혹한 까닭이다"라고 하였다.

　어떤 이가 말하기를, "제 마음이 정토[11]인데 새삼스럽게 정토에 가서 날 것이 무엇이며, 제 성품이 아미타불인데 따로 아미타불을 보려고 애쓸 것이 무엇이랴?" 한다. 이 말이 옳은 듯하면서도 그른 것이다. 저 부처님은 탐하거나 성내는 일이 없는데, 나도 탐욕이 없고 성내지도 않는가? 저 부처님은 지옥을 바꾸어 연꽃세계로 만들기를 손바닥 젖히듯 하는데, 나는 죄업의 힘 때문에 늘 지옥에 떨어질까 겁만 나거늘, 어찌 그것을 바꾸어 연꽃세계가 되게 할 수 있는가? 저 부처님은 한량없는 세계[12]를 보시기를 눈앞에 놓은 듯하시거늘, 우리는 담 밖의 일도 모르면서 어떻게 시방세계를 눈앞에 볼 것인가? 그러기에 사람마다 성품은 비록 부처지만 실지 행동은 중생이므로, 그 이치와 현실을 말한다면 하늘과 땅같이 떨어진 것이다.

　규봉선사[13]가 이르기를, "가령 단박 깨쳤다 하더라도, 결국은 점차로 닦아가야 한다" 하였으니 참으로 옳은 말이다. 그러면, "제 성품이 아미타불이라"고 하는 사람에게 말해 보자. 어찌 천생으로 된 석가여래와 자연히 생긴 아미타불이 있으랴? 각기 헤아려보면 저절로 알게 될 것이다. 임종을 당하여 숨 끊어지는 마지막 큰 고통이 일어날 때에 꼭 자유자재하게 될 성싶은가? 만약 그렇지 못할 터이면 한때에 배짱을 부리다가 길이 악도에 떨어지지 말아야 할 것이다. 또한 마명보살[14]이나 용수보살[15]이 다 조사스님이지만, 분명히 말씀하여 왕생하는 길 닦기를 간절히 권하였거늘, 나는 어떤 사람이기에 왕생을 마다하랴! 부처님이 친히 말씀하시기를, "서방 정토가 여기에서 멀다. 십만팔천[16] 국토를 지나가야 한다"고 하신 것은, 둔한 사람들을 위하여 현실만을 말씀하신 것이요, 어떤 때에, "정토가 멀지 않다", "마음(중생)이 곧 부처(아미타불)이다"라고 하신 것은, 영리한 사람들을 위하여 성품을 가르치신 것이다. 교문에는 권도와 실상이 있고, 말씀에는 드러남과 비밀이 있다.[17] 만약 아는 것과 행하는 것이 서로 일치된 이는 멀거나 가까우나 두루 통하게 될 것이다. 그러므로 조사의 문하에도 혜원[18]과 같이 아미타불을 부른 이가 있었고, 서암[19]과 같이 주인공을 부른 이도 있었다.

評曰, 五祖云, 守本眞心이 勝念十方諸佛이라하시고 六祖云, 常念他佛이 佛免生死라 守我本心이 卽到彼岸이라 又云, 佛向性中作이요 莫向身外求니라 又云, 迷人은 念佛求生하고 悟人은 自淨其心이라 又云, 大抵衆生이 悟心自度요 佛不能度衆生云云이라하시니 如上諸德이 直指本心하고 別無方便이니 理實如是나 然이나 迹門에 實有極樂世界阿彌陀佛하야 有四十八大願하니 凡念十聲者는 承此願力하야 往生蓮胎하야 徑脫輪廻라 三世諸佛이 異口同音이요 十方菩薩이 同願往生이라 又況古今往生之人이 傳記에 昭昭하니 願諸行者는 愼勿錯認하고 勉之勉之어다

梵語에 阿彌陀는 此云無量壽니 亦云無量光이라 十方三世第一佛號也라 因名은 法藏比丘니 對世自在王佛하야 發四十八願 云, 我作佛時에 十方無央數世界諸天人民으로 以至蜎飛蝡動 之流히 念我名十聲者는 必生我刹中하리라 不得是願하면 終不成佛云云하시고 先聖云, 唱佛一聲하면 天魔喪膽하며 名除鬼簿 하고 蓮出金池라 하고 又懺法에 云, 自力他力이 一遲一速이니 欲越海者가 種樹作船은 遲也니 比自力也요 借船越海는 速也니 比佛力也라 又曰, 世間稚兒가 迫於水火하야 高聲大叫則父母 聞之하고 急走救援하나니 如人이 臨命終時에 高聲念佛則佛具 神通이라 決定來迎爾라 是故로 大聖의 慈悲가 勝於父母也요 衆生의 生死가 甚於水火也라 有人이 云, 自心이 淨土라 淨土에 不可生이요 自性이 彌陀라 彌陀는 不可見이라하니 此言이 似是而非也라 彼佛은 無貪無瞋이라 我亦無貪瞋乎아 彼佛은 變地獄作蓮花가 易於反掌이라 我則以業力으로 常恐自墮於地獄하나니 況變作蓮花乎아 彼佛은 觀無盡世界가 如在目前이어니와 我則隔壁事도 猶不知은 況見十方世界가 如目前乎아 是故로 人人이 性則雖佛이나 而行則衆生이니 論其相用인댄 天地懸隔이라 圭峰이 云, 設實頓悟나 終須漸行이라 하니 誠哉라 是言也여 然則寄語自性彌陀者하노니 豈有天生釋迦와 自然彌陀耶아 須自忖量 하면 豈不自知리요 臨命終時生死苦際에 定得自在否아 若不如是인댄 莫以一時貢高로 却致永劫沈墮어다 又馬鳴龍樹가 悉是 祖師로되 皆明垂言敎하야 深勸往生하니 我何人哉완대 不欲往生

고 又佛自云하사대 西方이 去此遠矣라 十萬十惡 八千八邪이라 하시니 此爲鈍根說相也라 又云하사대 西方이 去此不遠이라 卽心衆生 是佛彌陀이라 하시니 此爲利根說性也라 敎有權實하고 語有顯密하니 若解行相應者인댄 遠近俱通也라 故로 祖師門下에 亦有 或喚阿彌陀佛者慧遠하며 或喚主人公者瑞巖하나니라

譯註

1) 나무아미타불(南無阿彌陀佛): '나무'는 범어로 나마스(namas), 또는 팔리어로 나모(namo)라 하는데, 경례(敬禮)·공경(恭敬)· 순종(順從)·귀명(歸命)·귀의(歸依) 같은 여러 뜻이 있다. '아미타(amaitā)'는 한량없다는 뜻인데, 여기에는 무량수(無量壽, amitāyus)와 무량광(無量光, amitābha)의 뜻이 포함된다. 그러므로 '나무아미타불'이라고 하면, 끝없는 생명〔無限生命〕과 무량한 빛을 지닌 부처님께 경례한다는 말이 된다. 그러나 염불에는 옅고 깊은 여러 가지가 있어서, 『화엄경』「입법계품(入法界品)」에는 21종의 염불삼매(念佛三昧)를 가르치고, 『지도론(智度論)』에는 염불하는 차례를 말하기를, 처음엔 부처님의 이름을 생각하고, 다음으로 부처님의 몸·상호(相好)·신통·공덕을 생각하고, 그 다음으로 부처님의 오분법신(五分法身)을 생각하고, 마지막으로 부처님의 원만한 과덕(果德)을 생각하라 하였다. 또 천태(天台)의 『오방편염불문(五方便念佛門)』에는 명호를 불러 왕생하는 문〔稱名往生門〕과 형상을 생각하여 죄악을 없애는 문〔觀相滅罪〕과 모든 경계가 오직 마음임을 생각하는 문〔諸境唯心門〕과 마음과 경계를 함께 떠나는 문〔心境俱離門〕과 성품이 뚜렷이 통하는 문〔性起圓通門〕의 다섯 가

지를 말하였고, 지욱선사(智旭禪師)의 우익종론(藕益宗論)에서는 딴 부처를 생각하는 것[念他佛], 제 부처를 생각하는 것[念自佛], 나와 남을 함께 생각하는 것[自他俱念]의 세 가지로 말한 바도 있다. 가장 쉽게 똑바로 말하자면, 부처님의 참 몸은 무한한 공간에 꽉 차 있어서 안팎과 갓이 없는 빛[無量光] 그것이며, 무한한 시간에 뻗치어서 끝없는 생명[無量壽] 그것이다. 이것을 '十'으로 또는 '○'으로도 표시한다. '十'의 가로 그은 '一'은 무한한 공간에 찼다[橫亘十方]는 뜻이고, 내리 그은 'ㅣ'은 무궁한 시간에 뻗침[竪窮三際]을 표시한다. 그리하여 불교의 十은 기독교의 十와 모양도 다르고 뜻도 다르다. 그러므로 염불함에는 이 무량한 광명이 끝없이 뻗친 것을 생각하여 마음의 눈으로 보고 있는 것이다. 처음에는 이것을 지어가지만 나중에는 능소(能所)가 저절로 떨어져서, 생각하는 마음과 보이는 광명이 따로 없게 된다. 다시 말하면 온갖 생각이 빛 하나로 뭉쳐지고 마침내는 그 빛까지도 떨어져서 천진한 부처[天眞佛]의 참 몸이 나타나고 성품의 극락세계가 실현되는 것이다.

2) 오조(五祖) : (602~675). 이름은 홍인(弘忍)이고, 성은 주(周)씨인데, 기주(蘄州) 황매현(黃梅縣)에서 났다. 사조(四祖)의 법을 받아 황매현 쌍봉산(雙峰山)에서 오래 교화하였다. 많은 제자들 가운데 혜능(慧能)과 신수(神秀)라는 뛰어난 두 제자에 의해 남돈(南頓)과 북점(北漸)의 두 종파가 생기게 되었다. 671년에 법을 혜능에게 전하고, 당나라 고종(高宗) 상원(上元) 2년에 74세로써 입적하였다. 시호(諡號)는 대만선사(大滿禪師)라 하고, 황매산 동산에 탑이 있다.

3) 시방(十方) : '십방' 이라 발음하지 않는다. 동·서·남·북의 사방과 각 중간 방위인 사유(四維)에 상·하까지 넣어서 열 가지 방향으로써 무한한 우주이 입체저 공간 견체를 말하게 된다.

4) 저 언덕〔彼岸〕: 중생들은 모두 번뇌 망상의 험악한 물결에 휩쓸려 삼재(三災)와 팔란(八難)의 고생 바다에 빠져 허덕이고 있다. 번뇌와 망상의 자체가 본래 비어 없는 것임을 깨쳐서, 그 마음이 늘 고요하고 평등하여, 생각이 일어났다 꺼졌다 하는 일이 없게 되면, 사바세계가 곧 열반의 저 언덕이 되어, 온갖 속박에서 해탈하고 영원히 근심 걱정이 없는 큰 자유와 참 즐거움을 얻는 것이다.

5) 사십팔원(四十八願): 아미타불이 지난 세상에서 수행할 때에, 법장비구(法藏比丘)가 되어 세자재왕불(世自在王佛) 앞에서 장차 자기가 성불하여 주지(住持)할 이상적인 국토의 구체적 조건을 들어서, 그것이 실현될 때라야 성불한다고 맹세하고 발원하였던 것이다. 마침내 그가 무한히 분투 노력함으로써 그의 복과 덕이 쌓이고 쌓여, 그가 목표한 극락세계가 이루어지고야 말았다. 그 서원 가운데서 주요한 것을 들어 보면 다음과 같다. 제1원: 그 나라 안에는 온갖 고통과 비참한 일이 아주 없을 것. 제3원: 그 나라 사람들은 모두 얼굴이나 몸이 똑같게 될 것. 제5원: 그 나라 사람들은 모두 육신통이 있을 것. 제15원: 그 나라 사람들은 모두 끝없는 수명과 한량없는 광명을 가질 것. 제18원: 어느 세계의 어떤 중생이나 그 이름(아미타불)을 열 번만 생각하면 그 나라에 태어날 수 있을 것. 제33원: 시방세계의 어떤 중생이나 그의 빛을 쏘이면 그 몸과 마음이 함께 아름답게 될 것.

6) 열 번 염불〔十念〕: 열은 가득 찬 숫자이며 끝마침 하는 숫자다. 그러므로 열 번 염불한다는 것은, 몸과 말과 뜻의 삼업(三業) 전부와 시간 전체를 다 바치어 빈틈없이 염불하는 것을 말함이다. 일념(一念) 곧 한 생각으로 염불한다는 것도 한 번만 생각한다는 말이 아니다. 한결같은 생각, 또는 생각 없는 생각을 말함이니, 열 번이 곧 일

념인 것이다.

7) 연꽃 태 속에 난다〔往生蓮胎〕: 시방세계의 어떤 중생이나 염불하기 시작하면 곧 극락세계의 금못〔金池〕에 연꽃봉오리가 맺어지고, 그 사람의 믿음과 정진(精進)에 따라 그 꽃봉오리가 점점 커지는 것이다. 그러다가 그의 세상 인연이 다하게 되면, 그의 영식(靈識)이 극락세계에 가서 그 꽃봉오리 속에 입태(入胎)하게 되어, 12겁을 지낸 뒤에 그 꽃이 피면서 비로소 하품하생(下品下生)에 나게 된다. 12겁을 말함은 12인연법(因緣法)을 깨치고야 완전히 극락세계에 난다는 뜻이다. 그러므로 사바세계에서도 깨치면 극락세계의 사람이 되는 것이며, 깨치지 못하면 극락세계에 갔더라도 완전히 나지는 못하는 것이다.

8) 삼세(三世) : 과거·현재·미래, 또는 전생·금생·내생을 말한다. 그 시간의 길고 짧은 것은 문제가 아니다.

9) 아미타(阿彌陀) : ⇨ 1) 나무아미타불.

10) 참법(懺法) : 특별히 가행정진(加行精進)으로써 죄업을 없애기 위하여 참회(懺悔)를 닦는 법이다. 기왕 지은 허물을 뉘우치고 다시는 범하지 않기를 맹세하는 것인데, 여러 가지 경문에 따라 그 법이 각각 다르다. 또한 참회하는 본문(本文)에 앞서 그 예배하는 불·보살이나 경전을 예참(禮懺)하는 글을 첫머리에 붙여서 '예참' 이라고도 하고, 발원하는 글을 끝에 붙여서 '참원(懺願)' 이라고도 한다. 예로부터 이와 같은 참법이 하도 많지만 그 중에서 유명한 것으로는 양(梁) 무제(武帝)의 『금강반야참법(金剛般若懺法)』, 진(陳) 문제(文帝)의 『묘법연화경참법(妙法蓮華經懺法)』, 양(梁)나라의 여러 스님들이 모아 편집한 『자비도량참법(慈悲道場懺法)』, 천태 지의선사(智顗禪師)의 『법화삼매참의(法華三昧懺法)』, 원(元)나라 때 만들

어진 『예념미타도량참법(禮念彌陀道場懺法)』 같은 것들인데, 여기서 말한 바는 『예념미타도량참법』이다.

11) 정토(淨土) : '깨끗한 세계'란 말인데, 성인(聖人)들만이 있는 곳을 의미한다. 모든 더럽고 흐리고 험하고 슬픈 것이 전혀 없고, 오직 깨끗하고 아름답고 거룩하기만 한 세계를 가리킴이다. 이런 곳도 하도 많지만 서쪽에 있는 극락세계가 으뜸이 된다. 이런 정토에 가서 태어나는 길에 대하여 『유마경』에는 여덟 가지 길이 있다고 하였다. ①중생을 도와주되 아무것도 바라지 않고 또한 중생을 대신하여 모든 고생을 달게 받는 것. ②모든 중생에 대하여 평등하고 겸손하게 하는 것. ③모든 사람을 부처님과 같이 공경하는 것. ④모든 경전을 의심하지 않고 믿는 것. ⑤대승법을 믿는 것. ⑥남이 잘되는 것을 시기하지 않는 것. ⑦제 허물만 살피고 남의 잘못을 생각지 않는 것. ⑧늘 온갖 공덕을 애써 닦는 것 등이다. 또한 정토의 종류가 열일곱 가지나 있다고 하여, 곧은 마음〔眞心〕, 깊은 마음〔深心〕, 여섯 가지 건너는 법〔六波羅蜜〕, 네 가지 끝없는 마음〔四無量心〕, 네 가지 거두어 건져가는 법〔四攝法〕, 십선법(十善法; 십선법은 하나로 잡는다)을 들어서 정신상의 정토를 말하였다. 그리하여 마음을 닦고 보며 우리의 사바세계가 곧 정토임을 가르쳤다.

12) 한량없는 세계〔無盡世界〕: 한 개의 해가 비치는 공간에 퍼져 있는 한 대양계(太陽系)를 한 부처님의 세계〔一佛世界〕라 하는데, 그런 것 천 개의 모임을 소천세계(小千世界)라 하며, 소천세계 천 개의 모임을 중천세계(中千世界)라 하고, 중천세계 천 개의 모임을 대천세계(大千世界)라 한다. 이 우주에는 대천세계 같은 것이 또한 한량없어서, 티끌 수효와 같은 세계〔微塵數世界〕라고 한다.

13) 규봉(圭峰) : (780~841). 법명은 종밀(宗密), 속성은 하(何)씨. 사

천성(四川省) 순경부(順慶府) 서충현(西充縣)에서 났다. 젊어서 유교를 배웠고, 28세에 과거를 보러 가다가 수주(遂州) 도원선사(道圓禪師)를 만나 출가하여 참선하였다. 그러던 어느 날 신도의 재(齋)에 가서 『원각경(圓覺經)』을 읽다가 깨쳤다. 그 뒤 징관(澄觀)에게서 『화엄경』의 깊은 이치를 받아가져 화엄종의 오조(五祖)가 되었으나, 항상 선(禪)과 교(敎)의 일치를 주장하였다. 섬서성(陝西省) 서안부(西安府)에 있는 종남산(終南山)의 규봉(圭峰)에 주로 있었다. 그의 저술은 『원각경대소(圓覺經大疏)』 3권과 그 『석의초(釋義抄)』 13권, 『화엄경윤관(華嚴經綸貫)』 15권, 『선원제전집도서(禪源諸詮集都序)』 2권, 『기신론소(起信論疏)』 4권, 『원각도량수증의(圓覺道場修證儀)』 18권 등 모두 200여 권이 있다. 당나라 회창(會昌) 1년에 62세로 입적하였다.

14) 마명(馬鳴) : 부처님 열반한 뒤 600년쯤 되어 중인도 마갈타국에서 났다. 처음에는 바라문교의 논사(論師)였는데, 협존자(脇尊者)가 북부 인도로부터 와서 그를 교화하여 대승(大乘) 논사가 되었다. 뇌타화라(賴吒和羅)라는 가극(歌劇)을 지어 가지고 친히 여러 가지 악기를 울리고 돌아다니면서 널리 교화하였다. 때마침 북부 인도의 카니시카왕이 마갈타를 쳐서 이기고, 배상금 3억 냥을 요구하는 대신에 부처님의 발우(鉢盂)와 마명대사와 자심계(慈心雞) 등 세 가지로써 강화가 성립되었다. 그리하여 그는 북부 인도에서 임금의 보호를 받으며 크게 교화하였다. 어느 날 카니시카왕이 그의 법력을 시험하려고 여러 날 굶긴 말 여러 마리를 그의 설법하는 자리에 끌어다 놓고 풀을 주었더니, 말들은 먹지 않고 공손하게 설법을 듣고 나서 슬피 울었다. 그래서 그를 '마명(말이 울었다는 뜻)' 대사라고 하게 되었다 하다. 그의 저술로 유명한 것은 『대승기신론(大乘起信論)』 1권,

『대장엄경론(代莊嚴經論)』15권, 『불소행찬(佛所行讚)』5권, 『대종지현론(大宗地玄論)』20권 등이다.

15) 용수(龍樹) : 부처님 열반한 뒤 7백 년에 남인도에서 났다. 마명(馬鳴)의 제자인 가비마라(迦毘摩羅)의 제자이다. 용궁에 가서 『화엄경』을 외워 내왔다고도 하고, 남인도의 철탑(鐵塔) 속에서 밀교(密敎)를 찾아내어서 현밀팔종(顯密八宗)의 조사(祖師)가 되었다. 그의 저술 가운데 한문으로 번역된 것은 『대지도론(大智度論)』100권, 『중론(中論)』4권, 『십이문론(十二門論)』1권 등이며, 『십주비바사론(十住毘婆娑論)』17권 가운데는 정토교(淨土敎)에 대한 말씀이 많다. 그의 제자들 가운데 제바(提婆)와 용지(龍智)가 가장 유명하다.

16) 십만팔천(十萬八千) : 『아미타경(阿彌陀經)』에는 십만억 국토 또는 십만팔천 국토를 지나가야 극락세계에 이른다고 하였다. 그 국토란 것은 한 부처님의 교화하는 세계, 곧 한 대천세계를 말함이다. 그러나 유형(有形)한 세계만을 말함이 아니라, 마음 가운데 있는 십악(十惡)과 팔사(八邪)를 없애버리면 곧 극락이 된다는 뜻이다. 십악은 십선(十善)의 반대로서, 곧 ① 살생하는 것, ② 도둑질하는 것, ③ 사음(邪淫)하는 것, ④ 거짓말하는 것, ⑤ 이간 붙이는 것, ⑥ 악담하는 것, ⑦ 유혹하며 속이는 것, ⑧ 탐욕을 부리는 것, ⑨ 성내는 것, ⑩ 망령된 소견을 가지는 것들이다. 이 십악을 고치면 곧 십선이 된다. 팔사는 팔정도(八正道)의 반대인데, ① 참 이치를 그릇보는 망령된 소견〔邪見〕, ② 망령된 생각〔邪思惟〕, ③ 온갖 바르지 못한 말〔邪語〕, ④ 부처님의 계율을 깨뜨리는 그릇된 행동〔邪業〕, ⑤ 그릇된 생활 방법〔邪命〕, ⑥ 그릇된 노력〔邪方便〕, ⑦ 그릇된 믿음〔邪念〕, ⑧ 그릇된 공부〔邪定〕 등이다. 이와 같은 죄업과 망상이 끊어

지면 그곳이 곧 극락세계인 것이다. 그러므로 『관무량수불경(觀無量壽佛經)』에는 "여기에서 멀지 않다〔去此不遠〕"고 가르쳤다.

17) 말씀에 드러남과 비밀이 있다〔語有顯密〕: 부처님의 가르치신 바를 대체로 현교(顯敎)와 밀교(密敎)의 두 가지로 나누기도 한다. 현교란 중생의 근기(根機)에 따라 될 수 있는 대로 자세하고 분명하게 가르치기 위하여 여러 가지 방편으로 이치를 드러내어 보임이니, 모든 경(經)·율(律)·론(論)이 대개 그것이요, 밀교란 부처님의 깨치신 바 말할 수 없고 생각할 수 없는 그윽하고 아득한 이치 그대로 가르친 바이니, 다라니〔眞言〕같은 것들이다. 그러나 현교에도 일과 형상〔事相〕으로써 이치를 밝히기도 하므로 말 속에 비밀한 뜻이 들어 있는 것이다.

18) 혜원(慧遠) : (334~416). 속성은 가(賈)씨. 산서성(山西省) 안문(雁門)에서 났다. 어려서 유교와 도교의 글에 정통하였다. 21세에 도안법사(道安法師; 314~385)가 『반야경(般若經)』강설함을 듣고 견성(見性)하여 그 아우 혜지(慧持)와 같이 출가하였다. 뒤에 여산(廬山) 동림사(東林寺)에서 승속(僧俗) 123인과 같이 백련사(白蓮社)를 조직하고 염불하였다. 경전을 구하러 제자들을 서역(西域)에 보내기도 하고, 서역에서 나온 법사들과 긴밀하게 교제하여 경을 유통하기에 힘썼다. 그의 저술은 『법성론(法性論)』2권, 『대지도론요략(大智度要略)』20권, 『사문불배왕자론(沙門不拜王者論)』, 『명보응론(明報應論)』, 『대승대의장(大乘大義章)』같은 것들이 남아 있다. 동진(東晋) 의희(義熙) 12년에 83세로 입적하였다.

19) 서암(瑞岩) : 생몰연대 알 수 없음. 이름은 사언(師彦)인데, 암두화상(巖頭和尙; 828~887)의 제자이다. 날마다 자문 자답하기를, "주인공(主人公)아", "예.", "정신차려라.", "예.", "뒷날에 남에게 속

지 말아라.", "예, 예." 하는 것이었다.

53.

경을 들으면 귀를 거친 인연도 있게 되고, 따라 기뻐한 복도 짓게 되는 것이다. 물거품 같은 몸은 다할 날이 있거니와, 참다운 행실은 헛되지 않느니라.

聽經은 有經耳之緣과 隨喜之福이라 幻軀는 有盡이나 實行은 不亡이니라

註解

이것은 슬기롭게 배우는 것을 밝힌 것이니, 마치 금강석을 먹는 것과 같고[1], 칠보를 받아 가진 것보다도 나은 것이다. 영명 연수선사[2]가 말씀하기를, "듣고 믿지 않더라도 부처의 종자가 심어진 것이요, 배워서 성공하지 못하더라도 인간이나 천상 복을 덮을 것이다"고 하였다.

此는 明智學이니 如食金剛하야 勝施七寶라 壽師云, 聞而不信이라도 尚結佛種之因하고 學而不成이라도 猶蓋人天之福이라

하니라

譯註

1) 금강석을 먹는 것과 같고〔如食金剛〕:『화엄경』「여래출현품」에 있는 말. 금강석을 먹으면 소화되지 않고 그대로 몸 밖으로 뚫고 나온다고 한다. 그와 같이 불교에 어떤 작은 인연이라도 맺어 놓으면, 필경은 번뇌와 고통의 무명업신(無明業身)을 뚫고 빛난 해탈 경계에 나오게 된다.

2) 영명연수(永明延壽):(904~975). 법안종(法眼宗)의 제3조인데, 정토종(淨土宗)에서도 그를 제6조로 한다. 속성은 왕(王)씨. 절강성(浙江省) 항주부(杭州府) 여항현(餘杭縣)에서 났다. 28세에 출가하고, 뒤에 천태산에 가서 덕소(德韶)국사의 법을 받았다. 지자선원(智者禪院)에서『법화경』을 많이 외웠고, 항주 혜일산(慧日山) 영명사(永明寺)에서 날마다 일과(日課)로 108가지를 정하고 실행하는데, 그 중 염불이 십만 번씩이었다. 그때의 회중이 늘 수천 명이 되었고, 고려의 광종(光宗)과 문필의 거래가 많았는데, 고려의 스님들이 그의 문하에 가서 인가(印可)받은 이가 원공국사(圓空國師) 이외에 36인이 있었다. 그리하여 고려에서는 한때 법안종이 성하게 되었다. 그의 저서로는『종경록(宗鏡錄)』100권,『만선동귀집(萬善同歸集)』6권,『유심결(唯心訣)』1권, 그 밖에 몇 가지를 합하여 60여 부 수백 권이 있다. 송나라 개보(開寶) 8년에 72세로써 입적하였다. 시호를 지각선사(智覺禪師)라 하다.

54.

경을 보되 자기의 마음 속을 향하여 공부를 지어가지 않게 되면, 비록 만 권의 대장경을 다 보았더라도 아무 소용이 없느니라.

看經은 若不向自己上做工夫하면 雖看盡萬藏이라도 猶無益也니라.

註解

이것은 어리석게 공부하는 것을 깨우침이니, 마치 봄날에 새가 울고 가을 밤에 벌레가 울 듯하여 아무 뜻도 없는 것이다. 규봉 종밀선사가 이르기를, "글자나 알고 경을 보는 것으로는 원래 깨칠 수가 없다. 글귀나 새기고 말 뜻이나 풀어보는 것은 오직 탐욕이나 부리고 성내기만 하는, 못된 소견만 더 일으키게 된다" 하였다.

此는 明愚學이니 如春禽晝啼하고 秋虫夜鳴이라 密師云, 識字看經이 元不證悟라 銷文釋義가 有熾貪瞋邪見이라 하니라

55.

공부가 도를 이루기 전에 남에게 자랑하고 한갓 말 재주만 부려서 서로 이기려고만 하는 것은, 변소에 단청하는 것과 같다.

學未至於道하고 衒耀見聞하야 徒以口舌辯利로 相勝者인댄 如廁屋塗丹雘이니라

註解

특별히 말세에 어리석게 공부하는 것을 일깨우는 말이다. 공부하는 것은 본래 제 성품을 닦는 것인데, 오로지 남에게 보이기 위하여 한다면 이 무슨 생각일까?

別明末世愚學이라 學本修性이어늘 全習爲人하니 是誠何心哉아

56.

출가[1]한 사람이 외전[2]을 공부하는 것은 마치 보배 칼로 흙을 깎는 것 같아서, 흙은 아무 소용없이 나의 칼만 상하

게 될 것이다.

出家人이 習外典하면 如以刀割泥하야 泥無所用이요 而刀自傷焉이니라

註解

문 밖에 나와 놀던 장자집 아이들
불붙는 집안으로 도로 들어가누나[3]

門外長者子가 還入火宅中이로다

譯註

1) 출가(出家) : 집에서 나온다는 말이다. 가정생활을 떠나서 수도와 포교를 전문으로 하기 위하여, 승려가 되는 것을 말함이다. 그러나 몸 출가〔身出家〕보다도, 탐욕과 분노와 어리석음 등 삼독(三毒)의 불이 늘 붙고 있는 번뇌 망상의 불집에서 뛰어나오는 마음 출가〔心出家〕를 하여야 한다.
2) 외전(外典) : 불교의 글을 내전(內典)이라 하고, 그 밖의 다른 글들은 모두 외전이라 한다.
3) 문 밖에서 놀던 장자집 아이들 …〔門外長者子還入火宅中〕: 『법화경』「비유품(譬喩品)」에 있는 말. 어떤 장자가 어디 나갔다가 돌아와 보니 집에 불이 났는데, 어린아이들은 철 모르고 집 안에서 놀고

만 있었다. 아무리 나오라고 불러도 듣지 않으므로, 양의 수레(羊車)와 사슴의 수레(鹿車) 같은 장난감으로 유인하여 대문 밖으로 이끌어내고는, 온갖 보배를 실은 흰 황소의 큰 수레〔白牛大車〕에 태워 가지고 좋은 곳으로 이사를 시켰다는 말이 있다. 그것은 부처님께서 번뇌의 불집 속에 있는 중생을 이끌어내기 위하여 처음에는 이승(二乘; 두 가지 수레), 곧 소승(小乘; 작은 수레)법을 보이다가, 나중에는 대승(大乘; 큰 수레)법으로 가르쳐서 열반의 저쪽 언덕에 인도함을 비유한 것이다.

57.

출가하여 중이 되는 것이 어찌 작은 일이랴! 몸이 편안하려는 것도 아니며, 따뜻이 입고 배불리 먹으려는 것도 아니며, 명예와 재물을 구하려는 것도 아니다. 나고 죽음을 면하려는 것이며, 번뇌를 끊으려는 것이요, 부처님의 지혜 목숨을 이으려는 것이며, 삼계[1]에 뛰어나서 중생을 건지려는 때문이다.

出家爲僧이 豈細事乎아 非求安逸也며 非求溫飽也며 非求利名也라 爲生死也며 爲斷煩惱也며 爲續佛慧命也며 爲出三界度衆生也니라

註解

하늘 찌를 대장부라 할 만하다.

可謂衝天大丈夫로다

譯註

1) 삼계(三界) : 중생들이 살고 있는 세계를 세 가지로 나누는데, 첫째는 음욕(淫欲)·식욕(食欲)·재욕(財欲) 같은 탐욕이 많아서 정신이 흐리고 마음이 험악하며, 순전히 물질에 속박되어 가장 둔탁한 중생들이 사는 낮은 세계를 욕계(欲界)라 한다. 그 위로 욕심은 매우 적으나 성내는 버릇이 남아 있어, 물질의 지배를 아주 벗어나지 못한 중생들이 사는 비교적 맑은 세계를 색계(色界)라 하니, 색(色)은 곧 물질이란 뜻이다. 맨 위층으로 탐욕과 성냄은 떨어져서 물질의 영향은 받지 않으나, '나(我)'를 버리지 못하여 정신상으로 걸림이 남아 있는 깨끗한 중생들이 사는 높은 세계를 무색계(無色界)라 한다. 이것을 흔히 땅으로부터 하늘까지 올라가면서 유형(有形)한 계층으로만 말하지만, 실상은 입체적인 공간이 아니라 정신적인 세계의 구분(區分)을 의미하는 것이다. 그러므로 지상(地上) 세계의 어떤 곳에도 탐(貪)·진(瞋)·치(痴) 등 삼독심(三毒心)의 경중(輕重)에 따라 삼계가 벌어져 있는 것이다.

58.

부처님께서 이르기를, "덧없는 불이 온 세계를 살라버린다" 하셨고, 또 "중생들의 고생 불이 사면으로 골고루 붙는다", 또한 "모든 번뇌의 도둑이 늘 너희들을 죽이려고 엿보고만 있다"고도 하셨다. 도인들은 마땅히 스스로 깨우쳐서 머리에 붙는 불을 끄듯 하여야 할 것이다.

佛云, 無常之火가 燒諸世間이라하고 又云, 衆生苦火가 四面俱焚이라하며 又云, 諸煩惱賊이 常伺殺人하나니 道人은 宜自警悟하야 如救頭燃하라하시니라

註解

몸에는 나고 늙고 병들고 죽는 것이 있고, 세계에는 이루어지고 자리잡혀 나아가고 파괴되고 없어져 버리는 것[1]이 있고, 마음에는 일어나고 머물고 옮기어 가고 꺼져 버리는 것이 있다. 이것이 덧없는 고생 불이 사면에서 함께 붙고 있다는 것이다.

까마득한 이치를 공부하는 이들이여
부디부디 세월을 꼭 붙잡고 애쓰소

身有生老病死하고 界有成住壞空하고 心有生住異滅하니 此無常苦火가 四面俱焚者也라 謹白參玄人하노니 光陰을 莫虛度하라

> 譯註

1) 이루어지고 자리잡혀 나아가고 …〔成住壞空〕: 세상의 모든 것은 크나 작으나 다 변화의 과정을 밟게 된다. 곧 성립되어가는 과정, 안정(安定)하여 진행하는 과정. 쇠퇴하여 가는 과정, 멸망하여 없어지는 과정이 반드시 있게 된다. 모든 물질도, 우리 몸도 사회도 국가도 세계 전체도 다 그렇게 된다. 이것을 성주괴공(成住壞空)이니, 생주이멸(生住離滅)이니, 생로병사(生老病死)니 하는데, 그 원인은 우리의 마음속에 생각이 쉴 새 없이 일어났다 꺼졌다 하기 때문이다.

59.

세상의 뜬 이름을 탐하는 것은 쓸데없이 몸만 예쁘게 하는 것이며, 잇속을 따라 허덕이는 것은 업의 불에 섶을 더 보태는 것이다.

貪世浮名하면 枉功勞形이요 營求世利는 業火加薪이니라

註解

세상의 뜬 이름을 탐한다는 것은 세상 글에,

    기러기 하늘 멀리 날아갔는데
    발자취 모래 위에 남아 있고
    사람들은 저 황천에 갔건마는
    그 이름이 아직 집에 남아 있네

잇속을 따라 허덕인다는 것은 어떤 사람의 글에,

    온갖 꽃을 옮아가며 애써 꿀을 모았더니
    가만 앉아 입다신 이 그 뉘런가 모를러라

와 같은 것이다. 쓸데없이 몸만 예쁘게 한다는 것은 마치 얼음을 조각하여 아무리 아름답게 할지라도 소용없는 예술이 되는 것이며, 업의 불에 섶을 더 보탠다는 것은 거칠고 더러운 온갖 물건들이 욕심의 불을 일으키는 재료 밖의 아무 것도 아니라는 말이다.

貪世浮名者는 有人詩에 云, 鴻飛天末迹留沙하고 人去黃泉名在家라 營求世利者는 有人時에 云, 採得百花成蜜後에 不知

辛苦爲誰甛고 枉功勞形者는 鑿氷雕刻이니 不用之巧也라 業火加薪者는 麤弊色香이 致火之具也라

60.

이름과 재물을 따르는 납자[1]는 풀 속에 묻힌 시골 사람만도 못하다.

名利衲子는 不如草衣野人이니라

註解

 황제의 자리도 침 뱉고 깊은 산에 들어가신 것은, 부처님이 천 분이 나실지라도 바꾸지 못할 법칙인데, 말세에 양의 바탕에 범의 껍질을 쓴 무리들이 염치도 없이 바람에 쏠리고 세력에 휩쓸려 아첨하고 잘 보이려고만 애쓰니, 아! 그 버릇을 고쳐야지.

 마음이 세상 명리에 물든 이는 권세의 문에 아부하다가 풍진에 부대끼어, 도리어 세속 사람의 웃음거리만 되는 것이다. 이런 납자를 양의 바탕이라 하는 것은 이와 같은 여러 가지 행동이 있기 때문이다.

唾金輪入雪山은 千世尊의 不易之軌則이니 末世羊質虎皮之輩가 不識廉恥하고 望風隨勢하며 陰媚取寵하니 噫라 其懲也夫인저

心染世利者는 阿附權門하야 趨走風塵타가 返取笑於俗人하나니 此衲子以羊質로 證此多行이라

譯註

1) 납자(衲子) : '납'은 누더기 옷이란 말인데, 도를 닦는 이는 어디까지나 검박하게 입어야 한다. 본래 가사(袈裟)는 쓰레기에서 주워 깨끗이 빨아가지고 누덕누덕 기워서 만드는 것이므로, 분소의(糞掃衣) 또는 백납(百衲)이라고 한다. 그래서 참선하는 이를 납자라고 하는 것이다. 옛글에 "誰知百衲千瘡裡 三足金烏徹天飛"란 것이 있다. 곧, "뉘 알랴, 누더기에 밝은 해가 숨은 줄을!" 이것이 누더기 입은 도인, 곧 납자의 본색을 말하는 것이다.

61.

부처님께서 이르시기를, "어찌하여 도둑들이 나의 옷을 입어, 거짓으로 꾸미고 부처를 팔아서 온갖 나쁜 업을 짓는단 말이냐?" 하셨다.

佛이 云하사대 云何賊人이 假我衣服하고 稗販如來하야 造

種種業하느냐 하시니라

註解

말법의 비구[1]에게 여러 가지 이름이 있으니, '박쥐중[鳥鼠僧]'이라고도 하고, 또는 '벙어리 염소중[啞羊僧]'이라고도 하며, 혹은 '머리 깎은 거사[禿居士]'라고도 하고, '지옥 찌꺼기[地獄滓]'라고도 하며, '가사 입은 도둑[被袈裟賊]'[2]이라고도 하는 것은 이런 까닭이다.

부처님을 판다는 것은 인과[3]를 믿지 않고, 죄도 복도 없다 하며, 몸의 업과 입의 업을 물 끓듯이 지어 가고, 사랑과 미움을 쉴 새 없이 일으키는 것이니, 참으로 가엾은 일이다. 중도 아닌 체, 속인도 아닌 체하는 것을 '박쥐중'이라 하고, 설법하지 못하는 것을 '벙어리 염소중'이라 하고, 중의 모양에 속인의 마음 가진 것을 '머리 깎은 거사'라 하며, 죄악이 하도 무거워 움직일 수 없는 것을 '지옥 찌꺼기'라 하고, 부처님을 팔아서 살아가는 것을 '가사 입은 도둑'이라고 하는 것이니, 가사를 입은 도둑이기 때문에 이와 같은 여러 가지 이름을 얻게 되는 것이다.

末法比丘가 有多般名字하니 或鳥鼠僧이며 或啞羊僧이며 或禿居士며 或地獄滓며 或被袈裟賊이라 憶라 其所以以此니라

稗販如來者는 撥因果排罪福하며 沸騰身口하야 迭起愛憎하니 可謂愍也라 避僧避俗曰鳥鼠요 舌不說法曰啞羊이요 僧形俗心曰禿居士요 罪重不遷曰地獄滓요 賣佛營生曰被袈裟賊이니 以被袈裟賊으로 證此多名이라

譯註

1) 비구(比丘) : 팔리어 비구(bhikkhu)를 음대로 쓴 것이다. 남자가 출가하여 중이 되어, 20세 이상 된 때에 250계 되는 비구계(比丘戒)를 받은 뒤에라야 비구라고 부른다. 비구에 다섯 가지 뜻이 있는데, ① 사유재산을 모아두지 않고 걸식하여 지내는 것, ② 번뇌 망상을 깨뜨려 버리는 것, ③ 탐욕과 분노와 우치가 불붙는 번뇌의 집에서 뛰어나는 것, ④ 부처님의 계율을 깨끗하게 지키는 것, ⑤ 외도와 악마가 무서워하는 것들이다. 여승(女僧)은 비구니(比丘尼)라고 하는데, 모든 것이 남승과 같고, 오직 348계 되는 비구니계를 지켜야 한다.

2) 가사(袈裟) : 범어 카사야(kaṣāya)를 음대로 쓴 것인데, 뜻대로 번역하면 잡색(雜色), 곧 순색이 아닌 옷을 말한다. 인도는 더운 곳이므로 속인(俗人)들은 모두 흰 옷을 입는다. 출가한 이는 그 옷을 달리하기 위하여 염색하되 검박한 빛으로 하게 되었다. 또한 품질이 좋은 새 옷감으로 짓는 것이 아니라, 이것 저것을 주워 모아서 누더기같이 만든다. 크기에 따라 세 가지〔三衣〕가 있어서, 다섯 폭으로 된 것〔五條〕은 일할 때에 입고, 일곱 폭으로 된 것〔七條〕은 보통 때에 입고, 아홉 폭〔九條〕으로부터 스물다섯 폭〔二十五條〕까지는 법회와 예식에 입게 된다. 그러므로 인도의 승려들은 이 세 가지밖에 다

른 옷이 별로 없다고 한다. 그러나 불교가 기후 풍토와 인정 풍속이 같지 아니한 여러 지방에 전파되면서, 가사의 빛도 황색, 또는 적색의 보기 좋은 빛으로 변하게 되고, 바탕도 비단으로 하게까지 되었다. 그 모양도 온갖 복덕이 이 법복(法服)으로 말미암아 심어지고 성숙되는 것이라 하여, 복을 심는 밭(福田)을 상징하는 규모가 반듯하고 법다운 밭두렁과 같은 것으로 하게 되었는데, 지금에 와서는 불교를 신앙하는 여러 나라와 그 종파에 따라 모양도 달리 한다. 또한 북방의 여러 나라는 추운 곳이기 때문에, 보통 입는 의복 위에 장삼(長衫)을 입고 그 위에 다시 가사를 입게 되므로, 가사와 장삼이 함께 법복이 된다.

3) 인과(因果) : 무엇이나 원인 없는 결과가 없고 결과 없는 원인이 없다. 콩 심은 데 콩이 나고 팥 심은 데 팥이 나서, 이 세상의 온갖 일과 모든 물건이 반드시 인과의 법칙대로 되어 가는 것이다. 사람의 일도 착한 일을 하면 복을 받고, 악한 짓을 하면 재앙을 받아서 길(吉)·흉(凶)·화(禍)·복(福)이 하나도 우연한 것이 없다. 그러나 그 보응(報應)의 나타남이 원인을 짓는 그 즉시로 곧 볼 수 있는 것은 아니다. 사람의 환경이 복잡하고, 마음 쓰는 것이 또한 한결같지 않기 때문에 무거운 쪽부터 먼저 실현되어, 짓는 그 당장에 받게 되는 순현보(順現報)와, 짓는 그 즉시에 받지 않고 그 다음 시기에 받는 순생보(順生報)와, 받기는 반드시 받되 언제 받게 될지 일정하지 않은 순후보(順後報)가 있다. 이 세 가지 과보(果報)는 금생 안에 실현되기도 하고, 여러 생〔多生〕을 통하여 되기도 한다. 그러므로 착한 사람이 빈천하거나, 악한 사람이 잘되는 것은 일시적인 현상일 뿐이다.

62.

아! 불자[1]의 한 그릇 밥과 한 벌 옷이 농부들의 피가 아님이 없으며, 길쌈하는 여자들의 땀 아님이 없거늘, 도의 눈이 밝지 못하고야 어찌 삭여낼 수 있으랴!

於戱라 佛子야 一衣一食이 莫非農夫之血이요 織女之苦어늘 道眼이 未明하고야 如何消得이리요

註解

전등록에 기록되기를, "옛날 어떤 도인이 도의 눈이 밝지 못한 탓으로 죽어서 나무 버섯이 되어 시주의 은혜를 갚은 일이 있다" 하였느니라.

傳燈에 一道人이 道眼이 未明故로 身爲木菌하야 以還信施하니라

譯註

1) 불자(佛子) : 부처님의 아들이란 말이다. 불법을 믿는 이면 모두 불자가 된다. 그것은 부처님 법에서 새로운 생명을 얻었기 때문이며, 부처님의 지혜 목숨〔慧命〕을 이어 가고, 법의 집과 법의 재산을 상

속받게 되기 때문이다. 또한 모든 중생을 다 불자라고 하는데, 그것은 어떤 중생이나 모두 부처의 성품〔佛性〕이 있어서, 그것이 부처의 씨가 되고 반야의 지혜는 어머니가 되며 부처님은 아버지가 되어, 필경에는 반드시 성불(成佛)하게 된다. 『섭대승론석(攝大乘論釋)』에는 불자에 다섯 가지 뜻이 있다고 하였다. ① 믿음이 종자가 되고, ② 지혜는 어머니가 되고, ③ 선정은 태(胎)가 되고, ④ 자비심(慈悲心)은 유모가 되고, ⑤ 부처님은 아버지가 된다.

63.

그러기에 말하기를, "털을 쓰고 뿔을 이고 있는 것이 무엇인 줄 아느냐? 그것이 곧 지금에 있어서 신도들이 주는 것을 공부하지 않으면서 먹는 이가 장차 그렇게 된다"고 하였는데, 어떤 사람이 배고프지 않아도 또 먹고, 춥지 않은데도 더 입는 것은 무슨 마음일까? 참으로 딱한 일이다. 눈앞의 쾌락이 후생의 고통인 줄을 도무지 생각지 않는구나!

故로 曰, 要識披毛戴角底麼아 卽今虛受信施者是니라 有人은 未飢而食하며 未寒而衣하니 是誠何心哉아 都不思目前之樂이 便是身後之苦也로다

註解

『지도론』[1]에 이르기를, "한 도인이 다섯 낱알 좁쌀 때문에 소가 되어, 살아서는 힘껏 일하여 주고 죽어서는 가죽과 살로써 갚았다" 하였으니, 공연히 남의 신세를 저놓고는 갚지 않을 수가 없는 것이다.

智論에 一道人이 五粒粟으로 受牛身하야 生償筋骨하고 死還皮肉하니 虛受信施가 報應이 如響이니라

譯註

1) 『지도론(智度論)』: 혹은 『대지도경론(大智度經論)』, 『대지석론(大智釋論)』, 『대지도론(大智度論)』, 『대지론(大智論)』, 또는 『대론(大論)』, 『석론(釋論)』이라고도 한다. 용수(龍樹)보살이 지은 것으로 『대품반야경(大品般若經)』을 해석한 것인데, 후진(後秦) 때에 구마라습(鳩摩羅什)이 번역하면서 제1「서품(序品)」만은 원문대로 번역하여 34권을 만들고, 그 나머지 제90「촉루품(囑累品)」까지를 간단하게 추려서 전부 100권으로 만들었다. 그러나 온전히 번역한다면 천여 권이 되었으리라고, 구마라습의 제자인 승예(僧叡)는 말하였다.

64.

그러므로 이르기를, "차라리 뜨거운 쇠를 몸에 두들시언

정 신심있는 이가 주는 옷을 입지 말 것이요, 차라리 쇳물을 입에 부을지언정 신심있는 이가 주는 음식을 먹지 말며, 차라리 끓는 가마 속으로 뛰어들지언정 신심있는 이가 지어 주는 집을 쓰고 있지 말라" 하는 것이다.

故로 曰, 寧以熱鐵로 纏身이언정 不受信心人衣요 寧以洋銅灌口언정 不受信心人食이요 寧以鐵鑊投身이언정 不受信心人房舍等이라 하니라

註解

『범망경』[1]에 이르기를, "파계한 몸으로 신심있는 이의 온갖 공양과 온갖 물건을 받지 않겠다고 마음 먹어라. 보살이 만약 이런 원을 세우지 않으면 경구죄를 범하는 것이니라" 하였다.

梵網經에 云, 不以破戒之身으로 受信心人의 種種供養과 及 種種施物이니 菩薩이 若不發是願則得輕垢罪니라

譯註

1) 『범망경(梵網經)』: 이 경은 범어나 팔리어로 된 것이 남아 있지 않다. 그러나 기록대로 본다면 본래 61품, 120권 되는 원문을 구마라습이 번역하면서, 그 중 열째 권인 「노사나불이 말씀하신 보살의 심

지계품〔盧舍那佛說菩薩心地戒品〕」만을 번역하여 상·하 두 권으로 만들었다. 상권에는 심지법문(心地法門)을 말하였고, 하권에는 보살의 십중대계(十重大戒)와 48경구죄(輕垢罪)를 말하였는데, 경구죄란 것은 중대한 죄악은 아니나 깨끗하지 못한 허물이 된다는 뜻이다. 보살계는 심지법문을 주장하는 대승계이며 성계(性戒)이다. 그러므로 이 경은 율부(律部)에 잡히지 않고 화엄경가 같은 부류에 들게 된다. 이 경을 해석한 글이 많지만 신라의 대현(大賢)이 지은 『범망경고적기(梵網經古迹記)』 3권과 원효(元曉)의 『사기(私記)』 2권, 의적(義寂)의 『범망경보살계본소(梵網經菩薩戒本疏)』 상·하권 같은 것들이 가장 유명하다.

65.

그러므로, "도인은 음식 먹을 때에 독약을 먹는 것같이 하며, 시주의 보시를 받을 때에 화살을 받는 것같이 하라"고 한 것이다. 두터운 대접과 달콤한 말은 도인의 두려워할 바이니라.

故로 曰, 道人은 進食을 如進毒하고 受施를 如受箭이니 幣厚言甘은 道人所畏니라.

▨註解▨

음식 먹기를 독약 먹듯 하라는 것은 그 도의 눈을 잃을까 두려워함이요, 보시 받기를 화살 받듯 하라는 것은 그 도의 열매를 잃을까 두려워함이다.

進食을 如進毒者는 畏喪其道眼也요 受施를 如受箭者는 畏失其道果也니라

66.

그러기에 말하기를, "도를 닦는 이는 한 개의 숫돌과 같아서, 장서방이 와서 갈고 이생원이 와서 갈아 가면, 남의 칼은 잘들게 되겠지만 나의 돌은 점점 닳아 없어지게 될 것이다. 그러나 어떤 이는 도리어 남들이 와서 나의 돌에 칼을 갈지 않는 것을 걱정하고 있으니 참으로 딱한 일이다."

故로 曰, 修道之人은 如一塊磨刀之石이니 張三也來磨하며 李四也來磨하야 磨來磨去에 別人刀는 快하고 而自家石은 漸消라 然이나 有人은 更嫌他人이 不來我石上磨하나니 實爲可惜이로다

註解

이와 같은 도인은 평생 소원이 오직 배불리 먹고 따뜻이 입는 데만 있는 것이로구나!

如此道人은 平生所向이 只在溫飽라

67.

그러므로 옛말에 또한 이르기를, "삼악도의 고통이 고생이 아니라, 가사를 입었다가 사람의 몸을 잃는 것이 참말 고통이다"라고 하였다.

故로 古語에 亦有之曰, 三途苦가 未是苦라 袈裟下失人身이 始是苦也라하니라

註解

옛 어른이 이르기를, "금생에 마음을 밝히지 못하면 한 방울 물도 소화하기 어려우니라"고 하였으니, 이것이 이른바 가사를 입었다가 사람의 몸을 잃는다는 것이다. 불자여! 불자여! 아프고 분히게 생각히리.

古人이 云, 今生에 未明心하면 滴水도 也難消라하니 此所以袈
裟下失人身也라 佛子佛子야 憤之激之어다

68.

우습다. 이 몸이여! 아홉 구멍으로부터 더러운 것이 늘 흘러나오니, 백 가지 천 가지의 부스럼 덩어리를 한 조각 엷은 가죽으로 싸놓았구나. 또한 가죽 주머니에 똥을 담은 것이며 피고름 뭉치라. 냄새나고 더러워서 아무런 아까운 것도 없는 것이다. 하물며 백 년 동안 잘 길러 준대야 숨 한 번에 은혜를 등지고 마는 것이 아니냐!

咄哉라 此身이여 九孔常流하고 百千癰疽에 一片薄皮라 又云, 革囊盛糞하야 膿血之聚가 臭穢可鄙라 無貪惜之는 何況百年을 將養한들 一息背恩이리요

註解

위에 말한 모든 업은 다 이 몸 때문에 생긴 것이니, 소리 질러 꾸짖고 통분하게 깨쳐야 할 것이다. 이 몸은 온갖 애욕의 근본이라, 이 몸이 허망한 줄 알게 되면 온갖 애욕이 저절로

가시어질 것이다. 이것을 탐착하는 데서 한량없는 허물과 근심 걱정이 일어나게 되는 것이기 때문에, 이에 특별히 밝혀서 도를 닦는 이의 눈을 열어 주는 것이다.

上來諸業이 皆由此身이라 發聲叱咄은 深有警也라 此身은 諸愛根本이니 了之虛妄則諸愛自除요 如其耽着則起無量過患이라 故로 於此特明하야 以開修道之眼也라

評

　네 가지 원소가 모여서 된 이 몸이 주인될 것이 없으므로 네 가지 원수가 모였다고도 하고, 네 가지가 은혜를 등지는 것들이기 때문에 네 마리의 뱀을 기른다고도 하는 바이다. 내가 허망한 것을 깨닫지 못하므로 남의 일 때문에 골도 내고 남을 낮추어 보기도 하며, 다른 사람도 또한 허망한 것을 깨닫지 못한 까닭으로 나 때문에 성내기도 하는 것이 마치 두 귀신이 한 송장을 가지고 싸우듯 하고 있다. 그 송장이란 것은 '물거품 뭉치'라고도 하고, '꿈 덩어리'라고도 하며, '고생 주머니' 또는 '거름 무더기'라고도 하는 것이니, 한갓 빨리 썩어 버릴 것이 될 뿐만 아니라, 더럽기 짝이 없는 것이다. 위에 있는 일곱 구멍에서는 눈물과 콧물 같은 것이 늘 흐르고, 아래 두 구멍에서는 대·소변이 늘 흘러나오고 있지 않는가. 그러므로 대중 가운데 참례하려면 밤낮으로 그 몸을 깨끗이 하여야 한다. 조

촐하지 못한 사람은 착한 신장들이 반드시 배척하여 버린다고 한다.

『인과경』[1]에 이르기를, "더러운 손으로 경을 만지거나, 부처님 앞에서 가래침을 뱉는 이는 반드시 내생에 뒷간 벌레가 된다" 하였고, 『문수경』[2]에는 "대소변 볼 때에 나무나 돌같이 하여 말하거나 소리 내지 말고, 벽에다 그림이나 글씨도 쓰지 말며 함부로 침 뱉지 말라" 하였으며, 또한 "변소에 다녀와서 깨끗이 씻지 않고서는 좌선하는 자리에 앉지도 말며, 법당에 오르지도 말라" 하였다. 율문에는 변소에 들어갈 때에 먼저 손가락으로 세 번 튕기고, 변소에 다녀와서는 손등까지도 씻으라 하였다.

評曰, 四大無主故로 一爲假四寃이요 四大背恩故로 一爲養四蛇라 我不了虛妄故로 爲他人也하야 瞋之慢之하고 他人이 亦不了虛妄故로 爲我也하야 瞋之慢之하나니 若二鬼之爭一屍也라 一屍之爲體也는 一曰泡聚요 一曰夢聚요 一曰苦聚요 一曰糞聚니 非徒速朽라 亦甚鄙陋라 上七孔은 常流涕唾하고 下二孔은 常流屎尿라 故로 須十二時中에 潔淨身器하야 以參衆壽니라 凡行麤不淨者는 善神이 必背去니라 因果經에 云, 將不淨手하야 執經卷하며 在佛前하야 涕唾者는 必當獲厠蟲報라 하니라 文殊經에 云, 大小便時에 狀如木石하야 愼勿語言作聲하며 又勿畵壁書字하며 又勿吐痰入厠中하라 又云, 登厠에 不洗淨者는 不得

坐禪床하며 不得登寶殿하라

　律云, 初入厠時에 先須彈指三下하야 以警在穢之鬼하며 默誦伸呪各七遍하라 初誦入厠呪曰「옴 하로다야 사바하」次誦洗淨呪曰「옴 하나마리데 사바하」右手執甁左手洗之淨水旋旋傾之着實洗淨 次誦洗手呪曰「옴 주라가야 사바하」次誦去穢呪曰「옴 시리에 바혜 사바하」次誦淨身呪曰「옴 바아라 놔가닥 사바하」此五神呪는 有大威德하야 諸惡鬼神이 聞必拱手니라 若不如法送持則雖用七恒河水하야 洗至金剛際라도 亦不得身器淸淨이니라 又云, 洗淨에 須用冷水하며 洗手에 須用皂角하며 又木屑灰泥하라 하니 亦通이라 若不用灰泥則濁水淋其手背하야 垢穢尙存이라 禮佛誦經에 必得罪云云하니라 此登厠洗淨之法은 亦是道人의 日用行實故로 略引經語하야 幷附于此하노라

譯註

1) 『인과경(因果經)』: 유송(劉宋) 때에 인도에서 온 삼장법사 구나발타라(求那跋陀羅; 393~468)가 번역하여 4권본『과거현재인과경(過去現在因果經)』을 말한다. 부처님께서 아득하게 먼 전생에 선혜선인(善慧仙人)으로 지낼 때의 일로부터 금생에 팔상성도(八相成道)하여 제자들을 가르친 사연까지 말씀하신 경인데, 소승부(小乘部)에 속한다.

2) 『문수경(文殊經)』: 문수보살에게 관계된 경이 하도 많지만, 여기서 말한 것은 양(梁)나라 때에 승가바라(僧伽婆羅; 479~524) 법사가 번역한『문수사리문경(文殊師利問經)』을 이름이니, 두 권 17품으로

된 대승(大乘) 율부(律部)의 경이다. 이 경에는 소승 20부가 갈려진 사연과 사미(沙彌) 십계(十戒)와 24종 번뇌의 여습(餘習), 세간계품(世間戒品)과 출세간계품, 보살계 받는 법과 실담(悉曇) 50음의 글자도 말하였다.

69.

허물이 있거든 곧 참회하고, 잘못한 일이 있으면 곧 부끄러워하여야 대장부의 기상이 있는 것이다. 또한 허물을 고쳐서 스스로 새롭게 하면, 그 죄업은 마음을 따라 없어지느니라.

有罪卽懺悔하고 發業卽慚愧하면 有丈夫氣象이요 又改過自新하면 罪隨心滅이니라

註解

참회란 먼저 지은 허물은 뉘우치고, 뒷날에 다시 짓지 않기를 맹세하는 것이요, 부끄러워한다는 것은 안으로 자기를 꾸짖고 밖으로는 드러내는 것이다. 그러나 마음은 본래 비고 고요한 것이라, 죄업이 붙어 있을 곳이 없느니라.

懺悔者는 懺其前愆이요 悔其後過라 慚愧者는 慚責於內하고 愧發於外나 然이나 心本空寂하니 罪業이 無寄니라

70.

도인은 마땅히 마음을 단정히 하여 검박하고 진실한 것으로써 근본을 삼아야 한다. 표주박 한 개와 누더기 한 벌이면 어디 가든지 걸림이 없느니라.

道人은 宜應端心하야 以質直爲本하야 一瓢一衲으로 旅泊無累니라

註解

부처님께서 이르기를, "마음이 곧은 줄 같아야 한다" 하였으며, 또한 "곧은 마음 그것이 곧 도량[1]이라" 하였다. 만약 이 몸에 대하여 탐착하지 않게 되면 반드시 어디에 가나 걸림이 없느니라.

佛云, 心如直絃이라 하시고 又云, 直心이 是道場이라 하시니 若不眈著此身則必旅泊無累니라

譯註

1) 도량(道場) : 범어 보디만다라(bodhimandala). 도를 닦는 곳이다. 습관상 '도량'으로 발음한다.

71.

범부들은 현실 경계에만 따라가고, 도인은 마음만을 붙잡으려 한다. 그러나 마음과 경계의 두 가지를 다 내버려야 이것이 참된 법이니라.

凡夫는 取境하고 道人은 取心이니 心境兩忘하야사 乃是眞法이니라

註解

현실만 따르는 것은 마치 목마른 노루나 사슴이 아지랑이를 물인 줄 알고 따라감과 같고, 마음을 붙잡으러 하는 것은 원숭이가 물에 비친 달을 잡으려는 것과 같다. 바깥 경계와 마음이 비록 다르기는 하나 병통이기는 마찬가지니라.

이것은 범부와 이승(二乘)을 합쳐서 말한 것이다.

取境者는 如鹿之趁空花也요 取心者는 如猿之捉水月也라 境心이 雖殊나 取病則一也라
此는 合論凡夫二乘이라

> 頌

천지에는 진나라 해 달이 없고
강산에는 한나라 군신이 안 보이도다

天地尙空秦日月이요 山河不見漢君臣이로다

72.

성문[1]은 숲속에 가만히 앉아서도 마왕에게 붙잡히고, 보살은 세간에서 유희하고 지내지만 외도들과 마군이 보지 못하느니라.

聲聞은 宴坐林中이나 被魔王捉하고 菩薩은 遊戱世間이나 外魔不覓이니라

註解

 성문은 고요한 것은 지키는 것으로 닦음을 삼는 까닭에 마음이 늘 움직이고, 마음이 움직이면 귀신이 보게 되는 것이다. 보살은 성품이 본래 빈 것을 깨달아서 그 마음이 저절로 고요하므로 자취가 없고, 자취가 없으면 외도와 마군들이 보지 못하는 것이다.

 이것은 이승과 보살을 합쳐서 말한 것이다.

 聲聞은 取靜爲行故로 心動이요 心動則鬼見也라 菩薩은 性自空寂故로 無迹이라 無迹則外魔不見이라
 此는 合論二乘菩薩이라

頌

봄바람 꽃길에서 오락가락 노니는데
우중충 어떤 집이 빗속에 잠겨 있네

三月懶遊花下路어늘 一家愁閉雨中門이로다

譯註

1) 성문(聲聞) : 모든 중생을 널리 다 건지겠다는 큰 원을 세우지 않고 자기의 공부만을 힘쓰는 가운데, 부처님이나 다른 스승의 가르침을 듣고 소승의 사제법(四諦法)을 깨쳐 번뇌 망상을 끊고 나(我)가 없

어져서 열반에 들게는 되지만, 그 열반은 얕고 작은 나머지 있는 열반〔有餘涅槃〕, 곧 아직 덜된 열반에 들어 있는 이를 이름이다.

73.

누구나 임종할 때에 다만 오온[1]이 다 빈 것이요 이 몸에는 '나'라고 할 것이 없으며, 참 마음은 모양이 없어서 가는 것도 아니며 오는 것도 아니다. 날 때에도 성품은 난 바가 없고 죽을 때에도 성품은 가는 것이 아닌 까닭에, 지극히 맑고 고요하여 마음과 환경이 둘 아닌 것으로 보아야 한다. 오직 이와 같이 단박 깨치고 보면 삼세와 인과에 얽매이거나 끌리지 않게 될 것이니, 그런 이는 곧 세상에서 뛰어난 자유로운 사람이다. 만약 부처님을 보아도 따라갈 마음이 없고, 지옥을 보더라도 무서운 생각이 없어야 한다. 다만 무심하게 되면 법계[2]와 같이 될 것이니, 이것이야말로 가장 요긴한 것이다. 그러므로 보통 때에 꽃을 가꾸어 가다가 임종할 때에 열매가 맺게 되는 것이니, 도인은 이것에 주의하여야 한다.

凡人이 臨命終時에 但觀五蘊皆空하야 四大無我하고 眞心은 無相하야 不去不來니 生時에도 性亦不生하며 死時에 性亦不

去라 湛然圓寂하고 心境이 一如라 但能如是하면 直下頓了하야 不爲三世所拘繫니 便是出世自由人也라 若見諸佛이라도 無心隨去하며 若見地獄이라도 無心怖畏니 但自無心하면 同於法界니 此卽是要節也라 然則平常은 是因이요 臨終은 是果니 道人은 須着眼看하라

註解

죽기 싫은 늙으막에야[3) 부처님께 나아가네

怕死老年에 親釋迦로다

頌

이런 때에 제 마음 어서 애써 밝히라
백년이라 긴 세월 순식간에 글러지네

好向此時明自己하면 百年光影이 轉頭非라

譯註

1) 오온(五蘊) : 범어 판차스칸다(pañca-skandha). 오음(五陰) · 오취(五聚)라고도 한다. 범어 판차는 다섯이란 말이고, 스칸다는 덮인다 · 쌓인다 · 뭉친다는 여러 가지 뜻이 있다. 곧 인연으로 화합한

모임을 말한다. ① 빛〔色〕은 물질인데, 우리의 육신과 우리를 싸고 있는 환경을 가리킨다. ② 받음〔受〕은 우리가 환경에서 받는 촉감. ③ 생각〔想〕은 우리에게 접촉되는 대상에 대하여 분별하며 생각하는 것. ④ 움직임〔行〕은 접촉되는 대상에 대하여 미워하고 사랑하고 가지고 버리고 기뻐하고 골내는 등 착하고 악한 것은 물론하고 마음의 활동까지 말한다. ⑤ 알음알이〔識〕는 모든 일이나 물건에 대하여 생각하고 기억하고 판단하고 집행하게 하는 마음의 주체이니, 마음 임금〔心王〕이라고도 한다. 이와 같은 다섯 가지는 물질과 정신의 전체를 통괄하여 말하는 것이다. 그러나 이것들은 모두 우리의 망상으로 실다운 것인 줄 착각한 것일 뿐이다. 실상은 다 인연따라 꿈같이 나타나는 빈 것이다.

2) 법계(法界) : 법은 온갖 유형 무형의 물질과 모든 일과 어떤 이치이거나를 다 들어 말하고, 계(界)는 경계(境界) 또는 범위(範圍)란 말이다. 그러므로 온갖 것〔萬有〕을 총괄하여 하는 말이니, 우주의 전체와 진리의 전체, 법의 성품〔法性〕전체를 가리키는 말로 쓰인다.

3) 죽기 싫은 늙으막에야 : 송(宋)나라 소강절(邵康節)의 글. "이름 구할 젊을 적엔 공자님만 따랐고, 죽기 싫은 늙으막에야 부처님께 나가네〔求名少日慕宣聖 怕死老年親釋迦〕."

74.

사람이 임종할 때에 털끝만큼이라도 성인이라 범부라 하는 생각이 끊어지지 않게 되면, 나귀나 말의 뱃속에 끌려

들거나 지옥의 끓는 가마 속에 처박히거나, 그렇지 않으면 개미나 모기 같은 것이 되기도 한다.

凡人이 臨終命時에 若一毫毛라도 凡聖情量이 不盡하고 思慮를 未忘하면 向驢胎馬腹裡하야 托質하며 泥犁鑊湯中에 煮煠하며 乃至依前再爲螻蟻蚊虻이니라.

[註解]

백운선사[1]가 이르기를, "가령 범부라거니 성인이라거니 하는 생각이 깨끗이 없어져서 털끝만큼이라도 남은 바가 없다 하더라도, 또한 나귀나 말의 뱃속에 들어가는 것을 면하지 못하리라" 하였다. 두 소견[2]이 번뜩이면 여러 길[3]에 들어가게 된다.

白雲이 云, 設使一毫毛라도 凡聖情念이 淨盡하면 亦未免入驢胎馬腹中이라 하니라 二見이 星飛하면 散入諸趣하리라

[頌]

모진 불이 펄펄 붙고
보배 칼이 번쩍인다

烈火茫茫하고 寶劒이 當門이로다

評

이 두 귀절은 특별히 종사가 무심하여 도에 합하는 문을 열고, 염불하여 극락세계에 나기를 원하는 문은 한때 권도로 막아놓은 것이다. 그러나 사람마다 바탕과 그릇이 같지 않고, 뜻과 원이 또한 다르므로 이와 같은 두 가지가 서로 방해롭지 않은 것이다. 바라건대 공부하는 이들은 평소에 분수대로 각기 노력하여 마지막 찰나[4]에 의심하거나 뉘우치지 말라.

評曰, 此二節은 特開宗師에 無心合道門하야 權遮敎中에 念佛求生門이나 然이나 根器不同하고 志願이 亦異하니 各各如是라 兩不相妨이니 願諸道者는 平常隨分하야 各自努力하야 最後刹那에 莫生疑悔하라

譯註

1) 백운(白雲) : (? ~1072). 법명은 수단(守端), 속성은 갈(葛)씨. 양기 방회(楊岐方會) 선사의 법을 이었다. 여러 곳에서 교화하였으나 주로 서주(徐州) 백운산에 있었다. 송나라 희녕(熙寧) 5년에 입적하였다.
2) 두 소견[二見] : 경에 따라 여러 가지로 말하였지만, 여기에서는 범부라 성현이라, 곧 중생이라 부처라, 다시 말하면 생사라 열반(涅槃)이라 하는 두 가지 소견을 이름이다.
3) 여러 길[諸趣] : 중생들이 윤회하여 돌아다니는 천상(天上)·인간(人間)·아수라(阿修羅)·축생(畜生)·아귀(餓鬼)·지옥(地獄)의

여섯 길〔道〕뿐 아니라, 정신상의 온갖 분별을 이름이다.
4) 찰나(刹那) : 시간의 제일 작은 단위. 1주야가 육백사십팔만 찰나라 하였는데, 지금 시간으로는 1초의 75분의 1에 해당한다. 여기에 말한 마지막 찰나란 임종하는 순간을 이름이다.

75.

참선하는 이가 만약 본바탕 얼굴빛[1]을 밝혀 보지 못하고서야, 높고 아득한 진리의 문을 어떻게 꿰뚫어보랴! 어떤 이는 아주 끊어져서 없어진 빈 것으로써 참선을 삼기도 하고, 무엇이라 말할 수 없이 빈 것으로써 도를 삼기도 하며, 온갖 것이 다 없는 것으로써 높은 소견을 삼기도 하니, 이런 것들은 컴컴하게 비기만 한 것이라 병든 바가 깊다. 지금 천하에 참선을 말하는 이들이 거의 이런 병에 걸려 있느니라.

禪學者가 本地風光을 若未發明則孤峭玄關을 擬從何透리요 往往斷滅空으로 以爲禪하며 無記空으로 以爲道하며 一切俱無로 以爲高見하나니 此는 冥然頑空이니 受病幽矣니라 今天下之言禪者가 多坐在此病이니라

註解

아득하게 올라가는 한 관문은 발 붙일 곳이 없다. 운문선사[2]가 이르기를, '빛을 꿰뚫지 못하는 데 두 가지 병이 있고, 법신[3]을 꿰뚫은 뒤에도 또한 두 가지 병이 있는데, 모름지기 낱낱이 꿰뚫어야 한다'고 하였다.

向上一關은 措足無門이라 雲門이 云, 光不透脫하면 有兩種病이요 透過法身이라도 亦有兩種病이니 須一一透得하야사 始得다

頌

우거진 풀밭을 걷지 않으면
꽃 떨어지는 마을에 언제 가리

不行芳草路하면 難至落花村이니라

譯註

1) 본바탕 얼굴빛〔本地風光〕: 본래면목(本來面目)이라거나 부모에게서 낳기 전 면목〔父母未生前面目〕이라거나, 천진면목(天眞面目)·법성(法性)·실상(實相)·열반(涅槃)·보리(菩提)라고 하는 것들이 모두 같은 뜻이다.
2) 운문(雲門) : (?~949). 법명은 문언(文偃), 속성은 장(張)씨. 절강성

(浙江省) 가흥(嘉興)에서 났다. 어려서 출가하여 처음에는 율종(律宗)을 숭상하였다. 목주(睦州)에 갔더니, 진(陳) 존숙(尊宿)이 그 멱살을 잡고, "말해라! 말해라!"고 하였다. 대답하지 못하자 문 밖으로 밀쳐서 내쫓고 문을 닫을 때, 그의 발이 문틈에 끼어서 발가락이 끊어졌다. 그 바람에 깨쳤다. 그 뒤에 설봉의존(雪峰義存) 화상에게 가서 더욱 크게 깨쳐 그의 법을 이었다. 운문산 광태선원(光泰禪院)에서 오래 교화하니, 입실(入室)한 제자가 88인이나 있었다.

어느 날 설법하기를, "빛을 꿰뚫지 못하는 데 두 가지 병이 있다. 온갖 곳에 밝지 못하고 눈앞에 무엇이 있는 것이 한 가지 병이고, 가령 온갖 법이 빈 이치를 뚫어 알았더라도 어렴풋이 무엇이 있는 듯한 것은 또한 완전히 뚫은 것이 못된다. 법신을 뚫는 데도 또한 두 가지 병이 있는데, 법신 경계에까지 갔더라도 법에 대한 국집〔法執〕을 잊어버리지 못하고, '나'의 소견이 아직도 가시어지지 못하여 법신의 변두리에 머물러 서게 되는 것이 한 가지 병이고, 설사 법신을 꿰뚫어 나갔다 하더라도 자세히 검찰하여 어떤 숨 기운〔氣息〕이 아직 남아 있는 것이다. 그것이 또한 병이니라" 하였다.

3) 법신(法身) : 범어 다르마카야(dharma-kāya), 곧 '법의 몸'이란 말인데, 참 부처〔實佛〕· 법성신(法性身)· 진여불(眞如佛)· 법계성(法界性) 같은 말들이 모두 한 뜻이며, 이 책 첫머리에 있는 '한 물건'이란 것도 이것이다. 진여의 본바탕〔眞如本體〕을 이름이니, 중생에 있어서 부족할 것이 없고 부처님이라고 더 특별할 것이 없어, 본래 깨끗하고 빛나고 뚜렷하여 무한한 공간과 무궁한 시간에 꽉 차 있으되, 네 가지 말로도 설명할 수 없고 백 가지 아닌 것으로도 옳게 가르칠 수 없으며〔離四句 絶百非〕, 무엇으로나 형용하여 볼 수가 도저히 없는 것이다.

76.

종사에게도 또한 병이 많다. 병이 귀와 눈에 있는 이는 눈을 부릅뜨고 귀를 기울이고 머리를 끄덕이는 것으로써 선법을 삼으며, 병이 입과 혀에 있는 이는 횡설수설 되지도 않은 말과 함부로 '할'[1]하는 것으로써 선법을 삼고, 병이 손발에 있는 이는 나아갔다 물러갔다 이쪽 저쪽 가리키는 것으로써 선법을 삼으며, 병이 속에 있는 이는 진리를 찾아내고 오묘한 것을 뚫어내며, 인정에 뛰어나고 소견을 여의는 것으로써 선법을 삼는다. 실상대로 말하자면 어느 것이고 병 아님이 없느니라.

宗師도 亦有多病하니 病在耳目者는 以瞠眉努目과 側耳點頭로 爲禪하며 病在口舌者는 以顚言倒語와 胡喝亂喝로 爲禪하며 病在手足者는 以進前退後와 指東畵西로 爲禪하며 病在心腹者는 以窮玄究妙와 超情離見으로 爲禪하나니 據實而論하면 無非是病이니라

註解

부모를 해친 이는 부처님께 참회하려니와, 반야[2]를 비방한 이는 참회할 길이 없느니라.

殺父母者는 佛前懺悔어니와 謗般若者는 懺悔無路니라

頌

공중에서 그림자 붙잡아도 우스운데
세상 밖에 뛰는 것 무에 그리 장할까

空中撮影이 非爲妙어늘 物外追蹤이 豈俊機리요

譯註

1) 할(喝) : 보통 속음(俗音)의 '갈'로는 발음하지 않는다. 선종(禪宗)에서 진리를 문답하는 데 쓰는 독특한 수단이다. 큰 소리로 "엑!" 하고 꾸짖는 형세를 보임이니, 이것을 처음 쓰기는 마조(馬祖)가 한 번 할 했는데, 백장(百丈)이 사흘이나 귀먹고 눈이 캄캄하였다는 것이 첫 기록이다. 그 뒤로부터 흔히 쓰는데, 임제(臨濟)가 가장 많이 썼다.
2) 반야(般若) : 팔리어 판나(panna)를 음대로 쓴 것인데, 지혜(智慧), 또는 밝은 것이란 말이다.

77.

본문 종사는 법을 온전히 들어 보이는 것이다. 마치 나무 등신이 노래하고, 불붙는 화로에 눈 떨어지듯 하며, 또한 번갯불이 번쩍이듯 하여 공부하는 이가 어떻다고 헤아리거나 더듬을 수가 전혀 없는 것이다. 그러므로 옛 어른이 그 스승의 은혜[1]를 알고 말하기를, "스님의 도덕을 장하게 여기는 것이 아니라, 오직 스님이 나에게 해설하여 주지 않은 것을 감격하는 바라"고 하였다.

本分宗師의 全提此句는 如木人唱拍하며 紅爐點雪이요 亦如石火電光이니 學者實不可擬議也니라 故로 古人이 知師恩曰, 不重先師道德이 只重先師不爲我說破라 하니라.

註解

말 말아라, 말 말아라. 붓끝에 오를라!

不道不道하라 恐上紙墨이니라

頌

강물에 뜬 저 달을 꿰뚫은 화살
독수리 잡는 이 분명하구나

箭穿江月影인댄 須是射鵰人이니라

譯註

1) 스승의 은혜(師恩) : 동산양개(洞山良价) 화상이 그 법사되는 운암선사(雲巖禪師)를 위하여 재(齋)를 올리면서 한 말이다. 운암선사가 임종 때 일러주신 법문을 훨씬 뒤에 물을 건너다가 비로소 크게 깨치고 나서, 그렇게 말을 한 것이다.

78.

공부하는 이는 먼저 종파의 갈래부터 자세히 가리어 알아야 한다. 옛날에 마조스님¹⁾이 한 번 '할' 하는데, 백장스님²⁾은 귀가 먹고, 황벽스님³⁾은 혀가 빠졌다. 이 한 '할' 이야말로 곧 부처님께서 꽃을 드신 소식이며, 또한 달마대사의 처음 오신 면목이다. 아, 이것이 임제종의 근원이로구나!

大抵學者는 先須詳辨宗途니 昔에 馬祖一喝也에 百丈은 耳聾하고 黃檗은 吐舌하니 這一喝은 便是拈花消息이며 亦是達摩初來底面目이라 吁라 此臨濟宗之淵源이니라

[註解]

법을 아는 이가 무섭다. 소리 따라 곧 때려 주리라.

識法者懼라 和聲便打니라

|頌|

한 가지 주장자가 마디라곤 없는데
은근히 내어 주네 밤길 가는 손님께

杖子一枝無節目을 慇懃分付夜行人이로다

|評|

옛날 마조스님의 한 번 할에 백장스님은 대기(大機)를 얻었고, 황벽스님은 대용(大用)을 얻었다. 대기란 둥글게 두루 맞는 것이고, 대용이란 바로 끊는 것인데, 그 사연이 『전등록』⁴⁾에 실려 있다.

昔馬祖一喝也에 百丈은 得大機하고 黃檗은 得大用하니 大機者는 圓應으로 爲義하고 大用者는 直截로 爲義하니 事見傳燈錄이니라

|譯註|

1) 마조(馬祖) : (709~788). 법명은 도일(道一), 속성은 마(馬)씨. 사천성(四川省) 성도부(成都府) 십방(什放)에서 나서 어려서 출가하였다. 남악(南嶽)에 가서 좌선하고 있는데, 회양선사(懷讓禪師)가 묻

기를, "무엇하고 있는가?", "좌선합니다.", "좌선은 해서 무엇하려는가?", "부처되려고 좌선하지요." 그 이튿날 회양선사가 도일의 앞에 가서 벽돌을 돌에 갈고 있었다. 도일이 묻기를, "스님, 벽돌은 갈아서 무엇하렵니까?", "거울을 만들려네.", "벽돌을 갈아서 어떻게 거울을 만들 수 있겠습니까?", "앉아 있어서 부처는 될 줄 아는가?", "… 그러면 어찌 하오리까?", "우차가 가지 않을 때에 수레를 때려야 되겠는가, 소를 때려야 하겠는가? 선은 앉거나 눕는 데 상관없는 것이며, 부처는 가만히 있는 것이 아니다. 집착이 없고 취사(取捨)가 없는 것이 선이다!" 하는 이 말 끝에 크게 깨쳤다. 그의 법을 받아가지고, 강서성 남강(南康)의 공공산(龔公山)과 강서성 남창부(南昌府) 종릉(鍾陵) 개원사(開元寺)에 교화하니, 그의 법을 받은 제자가 139인이나 되었다. 그의 제자 남전보원(南泉普願)에게서 신라의 도균(道均)선사와 철감(哲鑑)국사가 나왔고, 염관제안(鹽官齊安)에게서 범일(梵日)과 진감(眞鑑)의 두 국사가, 귀종지상(歸宗知常)에게서 대모(大茅)화상이, 대매법상(大梅法常)에게서 가지(迦智)선사와 충언(忠彦)선사가, 마곡보철(麻谷寶徹)에게서 무염(無染)국사가, 서당지장(西堂智藏)에게서 도의(道義)국사와 혜철(惠哲)국사와 홍척(洪陟)선사가, 장경회휘(章敬懷暉)에게서 현욱(玄昱)국사와 각체(覺體)선사 같은 신라의 큰스님들이 나왔다. 그는 당나리 덕종(德宗) 정원(貞元) 4년에 90세로 입적하였다.

2) 백장(百丈) : (720~814). 법명은 회해(懷海), 속성은 황(王)씨. 복건성(福建省) 섬후현(閃候縣), 곧 옛날의 장락현(長樂縣)에서 났다. 어려서 출가하여 대장경을 열람하였고, 뒤에 마조의 시자(侍者)가 되어 모시고 어디로 가는데, 물오리 떼가 울고 가는 것을 보고 마조가 물었다. '저게 무슨 소리냐?', "물오리 소립니다." 한참 있다가

다시 묻기를, "아까 그 소리가 어디 있느냐?", "날아가 버렸습니다." 이에 마조는 돌아오면서 백장의 코를 잡아 비틀었다. 그는 아픔을 못 이기어 소리를 질렀다. 그때에 마조는, "그래도 날아갔다고 말할 터이냐?" 하는 데서 처음 깨치고, 그 다음 마조가 "할" 하는 데서 크게 깨쳤다. 마조가 입적한 뒤에 그 탑을 석문(石門)에 쌓고 십 년 동안 모시고 지내면서 마조의 법석을 계승하다가, 홍주(洪州)의 대웅산(大雄山), 곧 지금의 남창부(南昌府) 봉신현(奉新縣)에 있는 백장산에 들어가서 교화하였다. 그때까지의 선원은 모두 율종(律宗)의 제도를 그대로 써 왔던 것이므로, 선종의 독특한 제도를 창설하여 선원의 모든 규칙을 자세히 만들고, 더구나 경제적인 기초를 세워 놓았다. 그리하여 『백장청규(百丈淸規)』는 지금까지 중국·한국·일본 할 것 없이 불교 교단의 기본 법칙이 되고 있다. 또한 공부하는 이는 물론 누구나 반드시 노동할 것을 가르쳐, "하루 일하지 않으면 하루 먹지 말라〔一日不作 一日不食〕" 하고, 죽을 때까지 날마다 몸소 일하였다. 제자들이 보기에 하도 딱하여 하루는 일하는 연장을 감추었더니, 그날은 굶었다고 한다. 95세로 입적하였다.

3) 황벽(黃蘗) : (? ~850). 법명은 희운(希運), 복건성(福建省) 복주부(福州府) 섬현(閃縣)에서 났다. 어려서 신동이라고 불리더니, 강서성 서주부 황벽산에 가서 출가하였다가, 백장에게서 마조의 할에 의해 깨쳤던 사연을 듣고, 그 자리에서 크게 깨치고 나서 백장의 법을 이었다. 그 뒤 배휴(裵休)의 청을 받아 여러 곳에서 교화하였으나, 간 곳마다 그 산 이름을 처음 출가하던 산 이름 그대로 황벽산이라 하였다. 그가 염관사(鹽官寺)에 있어 예불하는 자리에서 뒷날의 선종(宣宗)이 그에게 법을 물었는데, 그가 세 번이나 뺨을 때린 일이 있었다. 뒤에 선종이 즉위하여 그에게 '추행사문(麤行沙門)', 곧 행

실이 거친 중이란 법호를 주려고 하자, 배휴가 간하기를, "황벽선사가 폐하에게 세 번 손질한 것은 폐하의 삼제(三際, 곧 三世) 윤회를 끊는 뜻입니다." 하여 단제선사(斷際禪師)라는 호를 내리게 되었다.

4) 『전등록(傳燈錄)』: 자세히는 『경덕전등록(景德傳燈錄)』이라 한다. 법안종(法眼宗) 천태덕소(天台德韶)의 제자 영안도원(永安道原)선사가 짓고, 양억(楊億)이 첨사(添削)한 글인데, 과거칠불(過去七佛)로부터 법안문익(法眼文益)의 제자에 이르기까지, 선종 다섯 종파의 52세, 1701인(그 중 750인은 이름만 있고 사연은 없다)의 전법계통(傳法系統)과 행적(行蹟)과 어록(語錄)이 실려 있다. 모두 30권인데, 이 글을 지어가지고 송나라 진종(眞宗)의 경덕(景德) 1년(1004)에 나라에 올려 칙명으로 대장경 속에 넣게 되었다. 이 글이 본래는 호주(湖州) 철관음원(鐵觀音院)의 공신(拱辰)선사가 지은 것인데, 그 원고를 도둑맞아 딴 사람의 이름으로 되었다는 말이 있으나 근거가 확실하지 않다.

評

조사들의 종파에 다섯 갈래가 있는데, 임제종·조동종·운문종·위앙종·법안종이 그것이다.

大凡祖師宗途가 有五하니 曰臨濟宗 曰曹洞宗 曰雲門宗 曰潙仰宗 曰法眼宗이라

임제종(臨濟宗)

본사[1] 석가모니 부처님으로부터 33세[2] 되는 육조 혜능대사의 밑에서 곧게 전하여 내려가기를, 남악회양·마조도일·백장회해·황벽희운·임제의현·흥화존장[3]·남원도옹[4]·풍혈연소[5]·수산성념[6]·분양선소[7]·자명초원[8]·양기방회[9]·백운수단·오조법연[10]·원오극근[11]·경산종고[12] 같은 이들.

臨濟宗：本師釋迦佛로 至三十三世六祖慧能大師下直傳하니 曰南嶽懷讓 曰馬祖道一 曰百丈懷海 曰黃檗希運 曰臨濟義玄 曰興化存奬 曰南院道顒 曰風穴延沼 曰首山省念 曰汾陽善昭 曰慈明楚圓 曰楊岐方會 曰白雲守端 曰五祖法演 曰圜悟克勤 曰徑山宗杲禪師等이라

譯註

1) 본사(本師) : 석가모니 부처님은 우리 근본 스승이라는 뜻에서 본사라고 한다.
2) 삼십삼세조사(三十三世祖師) : 또는 삽삼조사라고도 한다. 부처님께서 열반에 드신 뒤에 부처님을 대신할 전 교단의 어른을 한 분씩 정하여 내려왔다. 그것은 스승되는 어른이 그 제자들 가운데서 빼어난 이를 선택하여 법을 전하고, 그 증거로서 부처님의 가사와 발우〔衣鉢〕를 전해 주었다. 그리하여 인도에서 28대 되는 달마대사가 중국에 와서 중국의 초조(初祖)가 되고, 그로부터 6대 되는 혜능대사(慧能大師)에 이르러서는 불법을 대중화하기 위하여 정통으로 내려

가는 전례를 폐지하고, 따라서 의발을 전하는 것도 그만두었다. 이 와 같이 조사는 서역(西域)과 중국을 합하여 33대인데, 그 차례대로 이름을 적으면 다음과 같다. 1. 마하가섭(摩訶迦葉) 2. 아난(阿難) 3. 상나화수(商那和修) 4. 우바국다(優婆국多) 5. 제다가(提多迦) 6. 미자가(彌遮迦) 7. 바수밀다(婆須密多) 8. 불타난제(佛陀難提) 9. 복타밀다(伏陀密多) 10. 협존자(脇尊者) 11. 부나야사(富那夜奢) 12. 마명(馬鳴) 13. 가비마라(迦毘摩羅) 14. 용수(龍樹) 15. 가나제바(迦那提婆) 16. 나후라다(羅睺羅多) 17. 승가난제(僧伽難提) 18. 가야사다(迦耶舍多) 19. 구마라다(鳩摩羅多) 20. 사야다(闍夜多) 21. 세친(世親) 22. 마나라(摩拏羅) 23. 학륵나(鶴勒那) 24. 사자(師子) 25. 바사사다(婆舍斯多) 26. 불여밀다(不如蜜多) 27. 반야다라(般若多羅) 28. 보리달마(菩提達摩). 중국에 와서 1. 보리달마(菩提達摩) 2. 혜가(慧可) 3. 승찬(僧璨) 4. 도신(道信) 5. 홍인(弘忍) 6. 혜능(慧能)이다.

3) 홍화존장(興化存奬) : (?~925). 법명이 존장(存奬)인데, 위주(魏州)에서 났다. 임제의 회상에서 시자(侍者)로 있다가, 뒤에 삼성(三聖)의 회상에 가서 수좌(首座)가 되었다. 늘 말하기를, "남방으로 아무리 돌아다녀도 주장자 끝에 불법 아는 놈이 하나도 걸리지 않더라"고 큰소리를 하여왔다. 그러다가 대각(大覺)의 회상에서 원주(院主)를 보다가 그 법문을 듣고 비로소 크게 깨치고, 고향의 흥화사에서 개당(開堂)하였는데, 향을 피워 들고 말하기를, "삼성스님은 나에게 너무 무정하였고, 대각스님은 너무 사정을 보았다. 그러므로 돌아가신 임제스님을 공양하기로 한다"하고 임제의 법을 이었다. 후당(後唐)의 장종(莊宗)이 깊이 귀의하여 법호와 법복을 올렸으나 받지 않았다.

4) 남원도옹(南院道顒) : 법명은 도옹, 혜옹(慧顒)이라고 적힌 데가 많으며, 속명인 보응(寶應)으로써 많이 통용하였다. 하북(河北)에서 났다. 홍화(興化)의 법을 이어가지고 여주(汝州)의 남원(南院)에서 교화하였다. 풍혈(風穴)이 일찍 그의 회상에서 채소를 가꾸는 원두(園頭)를 맡아보는데 그가 묻기를, "남방의 한 방망이를 어떻게 생각하십니까?" 남원이 주장자를 비껴들고, "방망이 아래의 무생법인은 기틀에 임할 뿐 스승을 보지 않느니라〔棒下無生忍 臨機不見師〕" 하는 데서 풍혈은 크게 깨쳤다.

5) 풍혈연소(風穴延沼) : (896~973). 속성은 유(劉)씨. 절강성 항주부 여항현(餘杭縣)에서 났는데, 어려서부터 어육과 마늘을 먹지 않았다. 처음엔 유학을 힘썼는데, 출가하여 천태(天台)의 지관(止觀)을 익히다가, 남원에게서 깨쳐 그 법을 이었다. 여주(汝州)의 풍혈사에서 오래 교화하였으나, 한 사람도 깨치는 이가 없었다. 하루는 대성통곡하기에 대중이 놀라서 그 이유를 물었더니, "임제의 법이 나에게 와서 끊어질 줄 어찌 알았으랴?" 하므로, 별명이 염법화(念法華)인 성념(省念)이 묻기를, "저 같은 것도 스님의 법을 받을 수 있겠습니까?", "자네는 아깝게도 『법화경』에 걸려 있네.", "『법화경』만 버리면 되겠습니까?", "그러면야 될 수 있다 뿐인가?" 이에 성념은 참선에만 전력하여 깨치게 된 것이다. 송나라 개보(開寶) 6년에 78세로 입적하였다.

6) 수산성념(首山省念) : (926~993). 속성 적(狄)씨. 산동성 내주부(萊州府) 액현(掖縣)에서 났다. 어려서 출가하여 『법화경』을 늘 독송하므로 '염법화(念法華)'라고 부르게 되었다(절에서는 흔히 이름의 윗자는 부르지 않고, 아랫자에 무슨 칭호를 붙여서 부른다). 풍혈의 회상에 가서 아무 군답도 없이 지내더니, 풍혈이 상당 설법에, "세

존께서 푸른 눈으로 가섭을 돌아보신 것을 어떻게 생각하느냐? 만약 말씀 없이 말씀하신 것으로만 본다면 그것도 부처님을 매장하는 것이다" 하는 데서 크게 깨치고는, 설법이 끝나기 전에 아무 말 없이 조용히 법당에서 내려갔다. 풍혈의 법을 이어 여주의 수산(首山)에서 개당(開堂)하자, 그 성화가 천하에 떨쳤으나, 오는 학자를 낱낱이 자세히 점검하므로 회중은 어느 때나 20여 명밖에 안 되었다. 그러나 그의 법을 받은 제자가 16인이 있었다. 송나라 순화(淳化) 4년에 68세로 입적하였다.

7) 분양선소(汾陽善昭) : 태원(太原) 유(俞)씨의 집에서 났다. 출가하여 71원(員)의 선지식(善知識)을 찾아다녔으나 크게 얻은 바가 없었다. 수산에 가서 성념선사가 상당(上堂) 설법하는데, "코끼리 가는 곳에 여우의 발자취 끊어진다〔象王行處絕狐蹤〕"란 말을 듣고 크게 깨쳐서 그 법을 이었다. 산서성 분주(汾州) 태평사(太平寺) 태자원(太子院)에서 크게 교화하였는데, 그 법문은 삼구(三句) 삼결(三訣) 십팔창(十八唱)으로써 학자를 제접하는 것이 유명하였다. 저서로 『분주무덕선사어록(汾州無德禪師語錄)』 3권이 남아 있다.

8) 자명초원(慈明楚圓) : (987~1040). 속성은 이(李)씨. 광서성(廣西省) 계림부(桂林府) 전주(全州)에서 났다. 22세에 출가하여 멀리 분양선소(汾陽善昭)선사의 회상에 갔었다. 분양은 욕설과 세속의 더러운 말만 할 뿐이므로 하루는 정성을 다하여 간하였더니 크게 성내어, "네가 나를 비방하느냐?" 하고 내쫓았다. 초원이 무엇이라고 변명하려는데, 분양이 손으로 그 입을 틀어막았다. 그 바람에 크게 깨쳤다. 뒤에 석상산(石霜山) 숭승사(崇勝寺)와 담주(潭州) 흥화사(興化寺) 등 여러 곳에서 교화하니, 법을 이은 제자가 50인이나 되었다. 자명(慈明)은 54세로써 입적한 뒤의 시호(諡號)이고, 석상화상(石

霜和尙)이라고도 한다.

9) 양기방회(楊岐方會) : (? ~1049). 속성은 냉(冷)씨. 강서성 원주부(袁州府) 의춘현(宜春縣)에서 났다. 학문을 숭상하기 싫어하여 이곳 저곳 방랑하다가 출가하였다. 자명 초원의 회상에 가서 감원(監院)을 맡아보다가 크게 깨쳐, 원주의 양기산 보통선원(普通禪院)과 담주(潭州) 운개산(雲盖山) 해회사(海會寺)에서 교화하였다. 두 곳 회상의 법어(法語)를 적은 『양기어록(楊岐語錄)』 두 권이 있고, 법을 이은 제자가 13인이다.

10) 오조법연(五祖法演) : (? ~ 1104). 속성은 등(鄧)씨. 사천성 면주부(綿州府) 파서(巴西)에서 났다. 35세에 출가하여, 처음엔 강당에서 『백법(百法)』・『유식론(唯識論)』 같은 것을 공부하였다. 뒤에 백운수단(白雲守端)선사의 회상에 가서 있을 때, 어떤 스님이 남전(南泉)화상의 '마니주 화두'에 대하여 묻는데, 백운선사가 크게 꾸짖는 것을 듣고 곧 깨치어 온몸에 땀을 흘리면서 아래와 같은 게송을 지어 바쳤다. "저 산 밑에 한 뙈기 묵은 밭을 왜 즐기노. 늙은 이께 물었더니, 몇 번 팔고 또 사건, 대숲과 소나무에 맑은 바람이 분다 〔山前一片閑田地 叉手叮嚀問祖翁 幾度賣來還自買 爲憐松竹引淸風〕." 이에 백운선사의 인가를 받고, 그의 법을 이어서 서주(舒州) 사면산(四面山)에서 출세하였다. 다시 백운산, 그 다음에는 태평산(太平山), 마지막으로 오조산(五祖山) 동선사(東禪寺)에서 크게 교화하여 많은 제자가 있었다. 그 가운데서도 불안청원(佛眼淸遠)・태평혜근(太平慧懃)・원오극근(圜悟克勤)은 오조 문하의 세 부처라고 하였다. 송나라 휘종(徽宗) 숭녕(崇寧) 3년에 80여 세로 입적하였다.

11) 원오극근(圜悟克勤) : (1063 1135). 속성은 낙(駱)씨. 사천성 성노

부(成都府) 숭녕현(崇寧縣)에서 났다. 그 집이 대대로 유교만 숭상하는 집이었지만, 어려서 묘적사(妙寂寺)에 갔다가 불경을 보고 자기가 전생부터 불연(佛緣)이 있음을 알고 곧 출가하였다. 처음에 교상(敎相)을 공부하고, 선종의 여러 선지식 회상으로 돌아다니다가 나중에 오조법연 회상에 갔는데, 누가 '부처의 나온 곳'을 묻자 오조가 대답하기를, "바람이 불어오니 집 안이 서늘하구나." 하는 데서 크게 깨쳤다. 그의 법을 이어가지고 성도(成都)의 육조원(六祖院), 풍주(灃州)의 영천선원(靈泉禪院), 상서(湘西)의 도림사(道林寺), 금릉(金陵)의 장산(蔣山), 운거산(雲居山)의 진여선원(眞如禪院) 같은 여러 곳에 있었다. 특히 무진거사(無盡居士) 장상영(張商英)의 청으로 영천선원의 백암실에 있을 때에, 설두선사(雪竇禪師)의 『송고백칙(頌古百則)』에 수시(垂示)·착어(着語)·평창(評唱)을 더 붙여서 『벽암록(碧巖錄)』 10권을 만든 외에 『원오불과선사어록(圓悟佛果禪師語錄)』 20권이 있다. '불과(佛果)'는 휘종(徽宗)이 지어올린 법호이고, '원오(圓悟)'는 남송(南宋)의 고종(高宗)이 올린 법호이다. 그의 법을 받은 제자가 75인이었다.

12) 경산종고(徑山宗杲) : (1089~1163). 법명은 종고, 자는 대혜(大慧), 법호는 묘희(妙喜)이며, 속성은 해(奚)씨. 안휘성(安徽省) 선주(宣州) 영국현(寧國縣)에서 났다. 17세에 출가하여 선주의 명교(明敎)선사에게 가서, 깨친 바가 있은 뒤, 조동종의 장로들께 많이 찾아다니다가 변경(汴京)의 천녕사(天寧寺)에 가서 원오선사의 법을 받아가지고, 경산의 능인사(能仁寺)에서 크게 교화하였다. 그때 나라의 정사를 비평하였다는 혐의로, 형주(衡州)에 귀양갔다가 또 얼마 뒤에 매주(梅州)로 옮기게 되었다. 그를 따라갔던 100여 명의 제자 가운데 반수 이상이 그 지방의 풍토병으로 죽었다. 17년 만에 석방

되어 다시 경산과 아육왕산(阿育王山) 광리사(廣利寺)와 전당(錢塘)의 영지사(靈芝寺), 건강(建康)의 보령사(保寧寺) 같은 여러 곳에 있다가, 송나라 효종(孝宗) 융흥(隆興) 1년에 75세로써 입적하였다. 저술로는 『정법안장(正法眼藏)』 6권, 『대혜어록(大慧語錄)』 30권, 『법어(法語)』 3권, 『대혜보각선사보설(大慧普覺禪師普說)』 5권, 『종문무고(宗門武庫)』 1권, 『서장(書狀)』 2권 등이 있고, 법을 이은 제자가 90여 명이 있었다. 그가 교화한 가운데 특히 애쓴 것은 천동정각(天童正覺)이 주장한 묵조선(默照禪)을 부수어 버리고 활구(活句) 참선을 강조한 것이다.

조동종(曹洞宗)¹⁾

육조의 아래에서 곁갈래²⁾로 전해내려간 청원행사³⁾ · 석두희천⁴⁾ · 약산유엄⁵⁾ · 운암담성⁶⁾ · 동산양개⁷⁾ · 조산탐장⁸⁾ · 운거도응⁹⁾ 같은 이들.

曹洞宗 : 六祖下傍傳이니 曰靑原行思 曰石頭希遷 曰藥山惟儼 曰雲巖曇晟 曰洞山良价 曰曹山耽章 曰雲居道膺禪師 等이라

譯註

1) 조동종(曹洞宗) : 이 이름은 언제부터 시작되었는지 자세하지 않으나, 법안문익(法眼文益)선사의 『종문십규론(宗門十規論)』에 있는

것이 가장 오래된 기록일 것이다. '동'은 동산양개(洞山良价)의 동이겠지만, '조'는 동산의 제자 조산본적(曹山本寂)이 그 종지를 크게 밝혀 완성한 때문이라는 말도 있다. 중국의 문법에 선후와 시종을 거꾸로 붙이는 전례가 아주 없는 바도 아니지만, 제자의 이름을 스승의 이름 위에 놓은 것은 당연한 경우가 아닌 것이다. 그러므로 송나라 이후에는 조계산(曹溪山)의 '조'로써 육조의 바른 갈래라는 뜻으로 해석하여 왔다. 또한 조산본적의 조산도 조계산을 사모하는 뜻으로 지은 이름인 것이다. 그 가풍은 정편오위(正偏五位)를 세워 아주 세밀하며 말과 행실이 서로 일치하고, 이치와 일이 무르녹게 합하여 본래면목으로써 종지(宗旨)를 삼는다.

2) 육조의 곁갈래〔六祖傍傳〕: 부처님 이후 삽삼조사(卅三祖師)가 대대로 전하여 오던 의발(衣鉢)을 육조가 폐지한 것은 불법을 대중화하기 위함이었다. 따라서 종통이니 방전이니 하는 말이 있을 수 없는 것이다. 그러나 선종에 다섯 집이 벌어진 뒤에 임제종이 가장 흥왕하였으므로, 그 문도(門徒)들이 자기네 종파만을 내세우기 위하여 다른 종파를 방전(곁갈래)이라고 한 것이다. 더구나 청원행사(靑原行思)는 육조의 문하에서 법을 받기도 맨 처음이요, 나이로도 가장 높았고, 그가 청원산으로 가기 전에는 상수(上首) 제자로 있었던 것이다. 그러므로 청원의 후예가 방전일 수 없다.

3) 청원행사(靑原行思): (?~740). 속성 유(劉)씨. 강서성 길안부(吉安府) 여릉현(廬陵縣)에서 났다. 어려서 출가하여 깨친 바 있어, 조계(曹溪)에 가서 육조의 인가를 받고, 대중의 상수로 있었다. 그리하여 육조 문하의 장로(長老)로 있다가, 뒤에 그 고향인 길주(吉州) 청원산(靑原山) 정거사(靜居寺)에서 교화하였는데, 육조가 열반한 뒤에 학자들이 그곳에 많이 모였었다. 당나라 현종(玄宗) 개원(開元)

28년에 입적하였다.

4) 석두희천(石頭希遷) : (700~790). 속성은 진(陳)씨. 광동성 조경부(肇慶府) 고요현(高要縣)에서 났다. 어려서부터 씩씩하고 건장하였다. 그 고향은 본래 미신이 많아서 잡신을 숭배하여 굿을 성대히 하는 폐습이 많았다. 그는 신사(神祠)를 닥치는 대로 헐어버렸고, 굿에 쓰려는 황소를 빼앗아오는 것이 해마다 수십 마리 되었다. 출가한 뒤에 조계에 가서 육조를 모셨는데, 육조의 유언으로 청원행사를 찾아가서 크게 깨치고 그의 법을 이었다. 남악(南嶽)에 가서 남사(南寺)의 동쪽 바위 위에 절을 짓고 있었으므로 '석두화상(큰 돌에 계시는 스님이란 뜻)' 이라고 부르게 되었다. 뒤에 양단(梁端)에 내려가서 교화하니, 천하의 학자들이 강서의 마조나 호남의 석두, 이 두 곳으로만 거의 모여들었다. 당나라 정원(貞元) 6년에 91세로써 입적하였다. 저서로는 『참동계(參同契)』 1권, 『초암가(草庵歌)』 1권이 남아 있다. 그의 오세(五世)인 투자대동(投子大同)에게서 고려의 원종대사(元宗大師)가 나왔다.

5) 약산유엄(藥山惟儼) : (751~834). 속성은 한(韓)씨. 산서성 강주(絳州)에서 났다. 17세에 출가하여 삼장(三藏)에 널리 통하고 계율을 엄하게 가졌다. 하루는 탄식하기를, "대장부가 어찌 법의 구속을 받고 작은 행실에 구구히 지내랴! 마땅히 스스로 깨끗이 할 뿐이라" 하고 참선하는 곳으로 나아갔다. 처음에 석두에게 가서 깨친 바 있은 뒤에, 다시 마조에게 가서 마조의 한 말씀에 크게 깨치고, 삼 년 동안 모시고 있다가, 석두에게 다시 돌아와서 그 법을 잇고 풍주(豊州)의 약산(藥山)에서 출세하였다. 당나라 문종(文宗) 태화(太和) 8년에 84세로 입적하였다. 그의 3세 되는 석상경저(石霜慶諸)에게서 신라의 흠충(欽忠)·행적(行寂)·닝공(朗空)·청허(淸虛)·정원

(淸院)·와룡(臥龍)·서암(瑞岩)·대령(大嶺)·박암(泊岩) 같은 이들이 나왔다.

6) 운암담성(雲巖曇晟) : (782~841). 속성은 왕(王)씨. 강서성 종릉(鍾陵) 건창(建昌)에서 났다. 16세에 출가하여 백장(百丈) 회상에 가서 20년 동안 시자(侍者)로 지내다가, 그가 입적한 뒤에 약산에 가서 크게 깨쳐 그의 법을 이어가지고 담주현(潭州縣)의 운암산에서 교화하였다. 그가 회창(會昌) 1년에 60세로써 입적할 때에 동산(洞山)이 묻기를, "후일에 만일 누가 스님의 사진을 보자 하면 어찌 하오리까?" 하였더니, 한참 있다가, "곧 이것이라고 말하여라〔卽這箇是〕." 이때에 동산은 머리를 숙이고만 있었다. 한참 있다가 다시 말하기를, "이 이치는 매우 자세히 생각하여야 한다"고 하였다. 동산은 그 뒤에 물을 건너다가 운암의 참 뜻을 깨치고 나서, 스님이 그 당시에 해설〔說破〕하여 주지 아니한 은혜에 감격한다고 하였다.

7) 동산양개(洞山良价) : (807~869). 속성은 유(劉)씨. 절강성 소흥부(紹興府) 회계(會稽)에서 났다. 어려서 출가하여 반야심경(般若心經)을 배우다가 눈·귀·코가 없다〔無眼耳鼻舌身意〕는 뜻을 파고 물었는데 그 은사가 대답하지 못하고, 오예산의 영묵(靈默)선사에게 인도하여 참선을 시작하게 되었다. 여러 스승을 찾아다니다가 운암에게 묻기를, "혜충(慧忠)국사의 말에 무정(無情; 목숨없는 것)이 설법하다 하였는데, 무정의 설법은 어떤 이가 듣습니까?", "무정의 설법을 무정이 듣느니라.", "화상도 들으십니까?", "내가 듣는다면 너는 나의 설법을 듣지 못할 것이다" 하는 데서 깨친 바 있었고, 운암의 임종 법문에 대하여 물을 건너가다가, 물에 비친 자기의 그림자를 보고 비로소 크게 깨쳐 운암의 참 뜻을 알게 되었다. 그리고 게송을 짓기를,

아예 그를 따르지 말게 더욱 더욱 멀어가네
내가 이제 홀로 가니 간 곳마다 그를 보네
그는 이제 바로 난데 나는 지금 그 아닐세
이와 같이 알고라야 참 이치에 맞게 되리
切忌從他覓 迢迢與我踈 我今獨自性 處處得逢渠
渠今正是我 我今不是渠 應須恁麽會 方得契如如

그 뒤에 강서성 여릉도(廬陵道) 고안현(高安縣)에 있는 동산의 보리원(普利院)에서 교화하여 법을 받은 제자가 26인이 있었다. 그 가운데는 신라의 금장(金藏)화상이 있었고, 동산의 제2세 소산광인(疎山匡仁)에게서 신라의 명조안(明照安)과 동진(洞眞)이 나왔다. 당나라 함통(咸通) 10년에 상당 설법하고 대중을 하직한 뒤 입적하였는데, 모두 통곡하므로 다시 깨어나서 이레 동안 설법하고 앉아서 갔다. 그때 나이 63세. 그를 종조(宗祖)로 삼는 조동종은 지금까지 중국과 일본에 융성하고 있다.

8) 조산탐장(曹山耽章) : (839~901). 법명은 본적(本寂)이며, 탐장은 자(字)라고도 하고 이름이라고도 한다. 속성은 황(黃)씨. 복건성 복주부(福州府) 고전현(古田縣)에서 났다. 어려서 유학(儒學)에 정통하였고, 19세에 출가하여 깨친 바가 있어 동산에 가서 그 법을 받고 무주(撫州)의 길수(吉水)에서 교화하였다. 조계의 육조를 사모하는 뜻으로 그 산 이름을 조산이라 고쳤고, 그 뒤 함통 8년 전후 도둑의 난을 만나 의황현(宜黃縣)의 하옥산(荷玉山)으로 옮겼다. 동산의 오위(五位) 법문은 그가 완성하여 총림의 표준을 만들고, 그 종지를 크게 떨쳤다. 그러나 그의 법계(法系)는 4대(代)만에 끊어졌다. 당나라 소종(昭宗) 천복(天復) 1년에 63세로 입적하였다. 저서로『어

록(語錄)』 1권이 있다.

9) 운거도응(雲居道膺) : (?~902). 속성 왕(王)씨. 하북성 진해도(津海道) 옥전현(玉田縣)에서 났다. 어려서 출가하여 계율을 숭상하였는데, 하루는 탄식하기를 "대장부가 어찌 구구하게 계율의 속박을 받고 있으랴!" 하고 취미(翠微)의 회상에 가서 참선하였다. 남방에서 오는 이들이 동산의 법회를 매우 칭찬하므로, 가서 얼마 안 되어 깨친 바 있었다. 그리고 삼봉암(三峰庵)에서 혼자 있는데, 10여 일 동안 식당에 오지 않다가 하루는 방장실(方丈室)에 왔기에 물어보니, 천신(天神)이 늘 음식을 가져다준다고 하므로 동산이 이르기를, "바로 될 줄 알았더니 그런 소견을 가지고 있단 말이냐? 착한 것도 생각지 말고 악한 것도 생각지 않을 때에 그 무엇인가?" 하는 데서 크게 깨치고는 삼봉암에 돌아가니, 천신이 다시는 오지 않았다. 어떤 암주(庵主)에게 바지 한 벌을 보냈더니, "날 때에 어머니에게서 받은 것이 있노라"고 하며 받지 않기에, "나기 전에는 무엇을 입었던가?" 하였더니 대답이 없었다. 그 뒤에 그 암주가 죽어서 사리(舍利)가 난 것을 가져왔기에, "나의 말 한마디를 대답하지 못한 바에, 이까짓 것이 부처님같이 팔곡사두(八斛四斗)가 난들 무슨 소용이 있느냐?" 하였다. 그는 동산의 법을 이어 강서성 건창(建昌)의 운거산에서 교화한 지 30년 만에 입적하였다. 그의 제자 가운데는 신라의 운주(雲住)·경유(慶猷)·혜(慧)선사와 고려의 대경(大鏡)·진철(眞徹)선사가 나왔으며, 뒷날 조동종의 법맥은 온전히 운거의 자손들뿐이다.

운문종(雲門宗)

마조의 곁갈래[1]로 천황도오[2]·용담숭신[3]·덕산선감[4]·설봉의존[5]·운문문언·설두중현[6]·천의의회[7] 같은 이들.

雲門宗:馬祖傍傳이니 曰天王道悟 曰龍潭崇信 曰德山宣鑑 曰雪峰義存 曰雲門文偃 曰雪竇重顯 曰天衣義懷禪師等이라

譯註

1) 마조 곁갈래[馬祖傍傳]: 부재(符載)가 지은 「형주성동천황사도오선사비문(荊州城東天皇寺道悟禪師碑文)」과 『송고승전(宋高僧傳)』과 『경덕전등록(景德傳燈錄)』에 모두 천황 도오선사가 석두(石頭) 화상의 법을 이었고, 용담숭신(龍潭崇信)의 스승이라고 하였다. 그런데 천황도오(天皇道悟)가 마조의 제자이며, 용담의 스승이란 말을 처음 쓴 것은 임제종의 제7세 달관담영(達觀曇穎)선사가 그 『오가종파(五家宗派)』에 구현소(丘玄素)가 썼다는 「천왕도오선사비문(天王道悟禪師碑文)」을 인용하여 썼는데, 그것이 확실하다고 볼 수 없는 점이 많고, 그 뒤에 또 임제종의 각범혜홍(覺範慧洪)이 장상영(張商英) 거사와 달관선사가 만나서 이견(異見)이 일치되었다고 하였는데, 장상영은 달관보다 100년 뒤의 사람이다. 이것이 모두 임제종 문도들의 편견이란 말이 그럴 듯한 것이다. 청(淸)나라 백암도인(白岩道人) 정부(淨符)선사가 지은 『법문서구(法門鋤宄)』에 자세히 밝혀놓았다. 따라서 운문종과 법안종은 마조의 갈래가 아니고 석두의 후예이다.

2) 천황도오(天皇道悟): (748~807). 속성은 장씨(張)씨. 절강성 금화

부(金華府) 동양현(東陽縣)에서 났다. 14세에 출가하려 했으나 부모가 허락하지 않으므로, 하루에 한 끼씩만 먹어서 몸이 극도로 여위어졌으므로 할 수 없이 허락하였다고 한다. 후에 항주(杭州) 경산(徑山)의 국일도흠(國一道欽)선사의 회상에 가서 다섯 해를 있는 동안 깨치고 나서 여조(餘姚)의 대매산(大梅山)에 4년 동안 숨어 있었다. 종릉에 가서 마조의 회상에서 2년 동안 있다가, 34세에 남악의 석두(石頭)에게 가서 비로소 크게 깨치고, 10년 동안 있으면서 그의 법을 이었다. 석두가 입적하여 그 탑을 쌓은 뒤에 떠나서 여러 곳에 머물다가, 나중에 형주(荊州) 성동(城東) 천황사(天皇寺)의 옛터에 가서 이를 크게 중창하였다. 그는 키가 7척이나 되고 풍신이 거룩하였으며, 존·비·귀·천 없이 앉아서 대하였다. 당나라 헌종(憲宗) 원화(元和) 2년 4월에 얼마 동안 앓더니, 원주(院主)를 불러서 큰 소리로 묻기를, "아느냐?", "모르겠습니다." 하매, 목침을 땅바닥에 내던지고 입적하니, 그때 나이 60세였다.

3) 용담숭신(龍潭崇信) : 생몰연대와 그 속성은 알 수 없음. 어릴 때에 그의 부모가 천황사 곁에서 떡 장사를 하고 있었는데, 도오화상이 그 절에 오게 되자 그의 집에서 날마다 떡 열 개씩을 보내드렸다. 화상은 날마다 그 중에서 한 개를 남겨 그에게 먹으라고 주었다. 그는 생각하기를, '내가 가져오는 떡을 나에게 도로 주는 것이 무슨 일일까?' 하고 그 뜻을 물었더니 대답하기를, "네가 가져온 것을 다시 너에게 돌리는 것이 무슨 허물이냐?" 하는 데서 알아차린 바가 있어 출가하였다. 얼마 지난 뒤에 하루는 화상에게 여쭙기를, "제가 스님을 모신 지 오래 되었으나, 마음공부의 요긴한 곳을 가르쳐 주시지 않으므로 속이 탈 뿐입니다"고 애원하였더니 대답하기를, "내가 너에게 가르치지 않은 때가 없었는데 그 무슨 말이냐? 네가 밥이

나 차를 가져오면 내가 너를 위하여 받았고, 네가 절하면 너를 위하여 머리를 숙이지 않더냐?" 하매, 그는 그 말의 뜻을 골몰히 생각하고 있었다. 화상이 다시 "깨치는 것은 말 끝에 곧 깨치는 것이지, 생각하여 알려고 하면 틀어진다" 하는 데서 곧 깨치고 묻기를, "어떻게 지켜가오리까?" 화상이 이르기를, "생각대로 오락가락 인연 따라 지내 가라. 범부 생각 떨어질 뿐 거룩한 마음 따로 없다〔任性逍遙 隨緣放曠 但盡凡情 別無聖解〕"라고 하는 데서 대장부의 큰일을 마치었다.

4) 덕산선감(德山宣鑑) : (780~865). 속성은 주(周)씨. 호북성 시남부(施南府) 이천현(利川縣)에서 났다. 어려서 출가하여 계율을 숭상하고 모든 경에 밝았으나, 특히『금강경』을 늘 강설하므로 '주금강(周金剛)'이라고 부르게 되었다. 하루는 동무들과 말하기를, "보살이 육도만행(六度萬行)을 무량겁으로 닦아야 성불한다고 하였는데, 이제 남방의 악마들은 '바로 마음을 가르쳐서 단박 성불하게 한다' 하니, 내가 그들을 소탕하여 버리겠다" 하고 떠났다. 중도에서 떡집에 들어가서 점심(點心)을 청하자, 떡을 파는 노파가 묻기를, "보따리에 든 것이 무엇인가요?", "『금강경소』요", "『금강경』에, '지나간 마음도 얻어볼 수 없고, 현재의 마음도 찾아볼 수 없고, 미래의 마음도 얻어볼 수 없다' 고 하였는데, 스님은 점심하신다 하니, 어떤 마음에 점심하시겠습니까?" 하는데 대답을 못하였다. 노파의 지시로 숭신화상을 찾아 용담(龍潭)에 갔다. 용담사 법당에 들어가 그는, "용담의 소문을 들은 지 오래 되었는데, 와서 보니 용도 없고 못도 안 보이는군!" 하매, 숭신은 "자네가 참으로 용담에 왔네" 하는 데서 또 말이 막혔다. 그곳에 머무는데, 방장(方丈)에 가서 늦도록 있다가 자기 처소로 가려 하니 바깥이 캄캄하였다. 도로 들어갔더니

용담이 초에 불을 켜서 덕산에게 내밀었다. 덕산이 받으려 할 때에 그 불을 혹 불어 꺼버렸다. 그 바람에 덕산은 크게 깨치고 절하였다. "자네 무엇을 보았기에 절하는가?", "이제부터 다시는 천하 노화상들의 말씀을 의심하지 않겠습니다" 이리하여 용담의 법을 받고, 그 이튿날『금강경소』를 불사르고 곧 떠났다. 당나라 무종(武宗) 때에 일어난 불법사태(佛法沙汰: 불교를 파괴하라는 법령)를 독부산(獨浮山) 석실(石室)에서 겪은 뒤에 낭주(朗州) 덕산에서 크게 교화하였다. 그밖에 또 여러 곳에 있었는데, 있는 곳마다 불전(佛殿)을 폐지하고 설법하는 법당만 두었으며, 학자를 다루는 데 방망이를 많이 썼다. 의종(懿宗) 함통(咸通) 6년에 86세로 입적하였다. 그의 3세 백조지원(白兆志圓)에게서 신라의 혜운(慧雲)선사가 나왔다.

5) 설봉의존(雪峰義存) : (822~908). 속성은 증(曾)씨. 복건성 천주부 남안현에서 여러 대로 불법을 진실하게 믿어오는 집에서 났다. 나면서부터 종소리를 듣거나 불전에서 쓰는 물건을 보게 되면 곧 즐거워하는 표정이 나타났고, 파와 마늘 냄새를 꺼리었다. 12세에 아버지를 따라 옥간사(玉澗寺)에 갔다가 그 길로 집에 오지 않고 중이 되었다. 참선을 시작한 뒤에 먼저 염관(鹽官)선사에게 갔고, 투자(投子)선사에게 세 번, 동산선사에게 아홉 번 갔으나 얻은 바가 넉넉치 못하였는데, 덕산선사에게 법을 묻다가 한 방망이 맞고서 깨쳤으나 아직 훤칠하지 못하다가, 그 사형 암두(巖頭)가 크게 꾸짖는 데서 비로소 크게 깨쳤다. 뒤에 복주(福州)의 상골산(象骨山)에 들어가서 그 이름을 설봉산으로 고치고 40년 가까이 교화하니, 모인 대중이 어느 때나 일천오백 명을 넘었고, 법을 이은 제자가 56인이 있었다. 그 중에는 신라의 대무위(大無爲)선사, 고려의 현눌(玄訥)과 영조(靈照)선사가 있었고, 그의 제자 장경혜릉(長慶慧陵)에게서 신라의 구산

(龜山)화상이 나왔다. 후향(後梁) 태조(太祖) 2년에 87세로 입적하였다.

6) 설두중현(雪竇重顯) : (980~1052). 속성은 이(李)씨. 사천성 동천부(潼川府) 수녕현(遂寧縣)에서 났다. 20세에 부모상을 당하고 곧 출가하여 수주(隧州) 북탑(北塔)에 가서 지문광조(智門光祚 : 운문문언 선사의 제자인 香林澄遠의 제자)선사를 찾아가서, "한 생각도 일으키지 않더라도 허물이 크다고 함이 어떤 까닭입니까?" 하고 물었더니, 선사가 그를 가까이 오라고 하여 한 번 때려주었다. 그가 무슨 말을 하려는데 또다시 그 입을 때려, 그 바람에 크게 깨쳤다. 5년 동안 모시고 있으면서 그 법을 받은 뒤에 소주(蘇州) 취봉사(翠峰寺)에 있다가 나중에 설두산 자성사(資聖寺)로 옮겼다. 출세한 지 31년 만에 제자들에게 입적할 것을 선언하자, 한 제자가 유게(遺偈)를 원하자, "내가 평생에 너무 말을 많이 한 것이 걱정이다" 하였다. 그 이튿날 행장을 모두 대중에 나누어 주고, 그날 밤 목욕하고 입적하였다. 때는 송나라 인종 4년이고, 나이는 73세이며, 그의 법을 받은 제자가 승속 합하여 150명이 있었다. 저술로는『명각선사어록(明覺禪師語錄)』6권,『폭천집(瀑泉集)』,『조영집(祖英集)』,『동정어록(洞庭語錄)』,『설두개당록(雪竇開堂錄)』,『염고집(拈古集)』,『설두후록(雪竇後錄)』,『설두습유(雪竇拾遺)』같은 것들이 있다.

7) 천의의회(天衣義懷) : (989~1060). 속성은 진(陳)씨. 절강성 온주부(溫州府) 낙청현(樂淸縣) 어업가(漁業家)에서 났다. 어려서 아버지의 배를 타고 다니면서 산 고기는 강물에 넣어주니 그 아버지가 꾸짖고 때려도 늘 한모양이었다. 출가한 뒤에 여러 선지식 회상으로 다니다가 취봉(翠峰)에 가서 중현선사를 모시고 물을 긷고 나무를 하며, 온갖 고생을 다하면서 조금도 게을리 지내시 않았다. 한때는

선사가 이르기를, "이렇게도 할 수 없고, 이렇게 아니라고도 할 수 없고, 이렇게나 이렇게 아니나 다 할 수 없는 것이다" 하여, 그가 무슨 말을 하려고 할 때에 한바탕 때려서 내쫓았다. 이와 같이 네 번이나 쫓겨나더니, 어느 날 물을 긷다가 물지게가 부러지면서 크게 깨쳤다. 그 법을 받고 출세한 뒤에 법회를 다섯 군데 옮기었는데, 간 곳마다 황폐된 절을 크게 이룩하였고, 월주(越州)의 천의산(天衣山)에 많이 있었는데, 그의 법을 받은 제자가 80여 명이 되었다. 송나라 인종(仁宗) 가우(嘉祐) 5년에 72세로 입적하였다.

위앙종(潙仰宗)

백장의 곁갈래로 위산영우·앙산혜적·향엄지한[1]·남탑광용[2]·파초혜청[3]·곽산경통[4]·무착문희[5] 같은 이들.

潙仰宗：百丈傍傳이니 曰潙山靈佑 曰仰山慧寂 曰香嚴智閑 曰南塔光湧 曰芭蕉慧淸 曰霍山景通 曰無着文喜禪師等이라

譯註

1) 향엄지한(香嚴智閑) : 청주(靑州)에서 났는데, 키가 7척이 되고 총명과 재주가 비상하여, 향당에서 관리되기를 권하였으나 마다하고 출가하였다. 위산(潙山)의 회상에 있었는데, 위산이 법기(法器)인 줄 알고 이르기를, "평생에 듣고 본 것을 떠나서, 네가 세상에 나오기 전 너의 본래면목에 대하여 한마디 말하여 보라" 하는데, 이리 생각하고 저리 따져서 몇 마디 대답하여 보았으나 모두 아니라고만

하는 것이다. 자기 방에 가서 가지고 다니던 여러 가지 책들을 내어 놓고 아무리 찾아보았으나, 듣고 본 것을 여의고는 말할 수가 없으므로 탄식하기를, "그림에 떡으로는 배를 불릴 수 없다" 하고 다시 위산에게 가르쳐 주기를 원하였으나, "내가 말하는 것은 나의 소견이지 너에게 무슨 소용이 있겠느냐?" 하기에 모든 서적을 다 불사라 버리고, 다시는 불법도 배우려 할 것 없이 되는 대로 지내기로 하고, 울면서 위산을 하직하여 남양(南陽)에 가서 혜충(慧忠)국사의 유적을 보고 거기에 있었다. 하루는 그 산중에서 큰 역사가 있어서 그도 같이 일하는데, 돌멩이를 주워 던진 것이 대숲에 맞아서 '딱' 하는 소리를 듣고 크게 깨치고 나서, 목욕하고 향을 갖추어 멀리 위산을 바라보면서 절하고 게송을 지었다. "한 번 치는데 모두 잊었네. 더 다시 애써 닦을 것 없네 …〔一擊忘所知 更不假修治…〕." 그리고 곧 위산에 가서 법을 받고는, 등주(鄧州)의 향엄사에서 교화하였다. 그가 지은 게송이 200여 수가 남아 있다.

2) 남탑광용(南塔光湧) : 풍성(豊城) 장(章)씨 집에서 났는데, 그가 날 때에 이상한 광명이 그 산실(産室)에서 넘쳐나오므로 마굿간에 있던 말이 놀라게까지 되었다. 그래서 '광용(光湧)'이라 이름을 지었다. 앙산에 가서 머리 깎고, 얼마 안 가서 깨쳐 그 법을 받고 남탑에서 교화하였다.

3) 파초혜청(芭蕉慧淸) : 신라(新羅)에서 나서 당나라에 들어가 18세에 남탑에 가서 광용선사가 상당 설법하는 것을 듣고, 그 자리에서 깨쳐 그대로 5년 동안 그곳에 있다가, 그의 법을 이어가지고 파초산에서 교화하였다.

4) 곽산경통(霍山景通) : 앙산에게 등나무 주장자로 네 번 맞고 나서 "집운봉하 사등조 천하대선불(集雲峰下四藤條天下大禪佛)이로다"

하고 다니었다. 앙산의 법을 받고 곽산에서 교화하였다. 세상 떠날 때에 들 가운데 나무를 많이 쌓아놓고는, 신도들 집에 가서 어디 간다고 하직하고 와서 제 손으로 불을 붙이고 불 속에 서서 마치었다.

5) 무착문희(無着文喜) : (820~899). 가화(嘉禾) 땅 주(朱)씨 집에서 나서 7세에 출가하였다. 처음엔 계율을 숭상하였고, 그때 서울의 운화사(雲華寺)에 가서 징관(澄觀)법사에게서 화엄(華嚴)의 교리를 배웠고, 그 다음으로 문수보살을 친견하러 오대산(五臺山)에 들어갔는데, 보살의 화현(化現)이 여러 번 있었으나 알아보지 못하였다. 선지(禪旨)가 밝은 뒤에 죽 솥에서 보살이 나타나므로, "문수는 문수요, 무착은 무착이다. 무슨 상관 있느냐!" 하고 죽을 젓던 주걱으로 때려주었다. 홍주(洪州) 관음원에서 앙산의 말 한마디에 크게 깨치고 그의 법을 이었다. 당나라 소종(昭宗) 광화(光化) 2년에 80세로 입적하였다. 무착이란 것은 나라에서 지어준 법호다.

법안종(法眼宗)

法眼宗 : 雪峰傍傳이니 曰玄沙師備 曰地藏桂琛 曰法眼文益 曰天台德韶 曰永明延壽 曰龍濟紹修 曰南臺守安禪師等이라

설봉의 곁갈래로 현사사비[1]·지장계침[2]·법안문익[3]·천태덕소[4]·영명연수·용제소수[5]·남대수안[6] 같은 이들.

譯註

1) 현사사비(玄沙師備) : (835~908). 속성은 사(謝)씨. 복건성 복주부

(福州府) 섬현(閃縣)에서 났다. 젊어서는 낚시질을 좋아하였는데, 30세에 출가하여 공부하는 길을 얻어가지고는, 고향에 돌아가서 겨우 목숨이 붙어 있을 만큼 음식을 먹어가며, 바위 밑과 산꼭대기에서 늘 좌선(坐禪)하였다. 설봉화상이 그에게 선지식을 찾아보라고 권하였으나, 듣지 않고 혼자 공부하여 깨친 바 있었고, 또 『능엄경(楞嚴經)』을 보다가 크게 깨쳤다. 설봉의 법을 이어가지고, 매계장(梅鷄場) 보응원(普應院)에서 교화하다가 얼마 안 가서 복주의 현사원으로 옮겼다. 후향(後梁) 태조(太祖) 개평(開平) 2년에 74세로써 입적하였다. 그의 저술은 『현사어록(玄沙語錄)』 3권과 『현사광록(玄沙廣錄)』 3권이 있고, 그의 제자 천룡중기(天龍重機)에게서 고려의 설악영광(雪岳令光)선사가 나왔다.

2) 지장계침(地藏桂琛) : (867~928). 속성은 이(李)씨. 절강성 구주부(衢州府) 상산현(常山縣)에서 났다. 어려서부터 소찬으로 하루 한 끼씩만 먹으며 늘 무엇을 생각하고 있었고, 그 말하는 것도 여느 아이들과 다른 바가 있었다. 20세에 마침내 출가하여 계율을 숭상하였는데, 몸을 구속하는 것이 해탈하는 길이 아니라 하고, 참선을 시작하여 설봉선사에게 갔으나 얻은 바가 없었다. 현사의 사비 회상에 가서 곧 깨치고, 그 법을 받아 섬성(閃城)의 지장원에 있은 지 18년 만에 장주(漳州)의 나한원(羅漢院)에 옮기어 법을 더욱 떨치었다. 그러므로 나한선사(羅漢禪師)라고도 한다. 그는 늘 논 농사를 하여 친히 일하였다. 그가 모를 심을 때의 법문은 특히 유명하다. 후당(後唐) 명종(明宗) 천성(天成) 3년에 62세로 입적하였다.

3) 법안문익(法眼文益) : (885~958). 속성은 노(魯)씨. 절강성 항주부(杭州府) 여항현(餘杭縣)에서 났다. 7세에 출가하여 계율을 숭상하는 한편, 유교의 글을 공부하여 시(詩)를 싯기에 능하였다. 목수에

가서 장경혜릉(長慶慧稜)선사를 모셨으나 얻은 바가 없어서, 호남(湖南) 쪽으로 가려다가 비를 피하여 지장원에 들어갔더니, 계침화상이 여러 가지로 묻는 바가 있었으나 등한히 생각하고 비가 멎자 다시 나오려 하였다. 화상이 뜰에 있는 돌 한 개를 가리키면서 묻기를, "삼계(三界)가 오직 마음이라 하니, 이 돌이 마음 속에 있는가? 마음 밖에 있는가?" "마음 안에 있습지요." "행각(行脚)하는 사람이 가슴 속에 돌멩이를 넣어가지고 어떻게 다닌단 말인가?" 하는데 대답하지 못하고, 비로소 행장을 내려놓고 달포나 있으면서 여러 가지로 자기의 소견을 말하여 보았으나, 지장은 언제나, "불법은 그런 것이 아니라"고만 말하는 것이었다. 그제야, "인제는 제가 할 말을 다하여 버리고 이치도 끊어졌습니다" 하므로 지장은 "만약 불법을 말하려면 온갖 것이 다 제대로 이루어졌느니라" 하는 데서 크게 깨쳤다. 그의 법을 받아가지고 임천(臨川)의 숭수원(崇壽院)과 금릉(金陵)의 보은선원(報恩禪院)과 청량사(清涼寺) 같은 여러 곳에서 크게 교화하여, 그 법을 이은 제자가 63인이나 되었는데, 그 가운데는 고려의 도봉혜거(道峰慧炬)국사와 영감(靈鑑)선사가 있었다. 후주(後周)의 현덕(顯德) 5년에 74세로 입적하였다. 시호(諡號)를 대법안(大法眼)이라 하였다.

4) 천태덕소(天台德韶) : (891~972). 속성은 진(陳)씨. 절강성 처주부(處州府) 진운현(縉雲縣)에서 났다. 15세에 출가하고, 18세에 비구계를 받고는 투자(投子)·용아(龍牙)·소산(疎山) 등 54인의 선지식을 찾아다니었으나 얻은 바가 없었고, 임천(臨川)의 법안화상의 회상에 갔으나, 법문을 문답하는 데 싫증이 나서 다만 대중을 따라 다니었다. 하루는 화상의 상당설법에 어떤 스님이 묻기를, "어떤 것이 조계 근원의 한 방울 물입니까?〔曹溪一滴水〕" 하는데, 법안화상

이 대답하기를, "이것이 곧 조계 근원의 한 방울 물이니라." 하는 데서 한 쪽 구석에 앉아 듣고 있던 그가 크게 깨치고 법안의 법을 이었다. 그 뒤에 천태산에 올라가서 지자(智者)대사의 유적이 모두 황폐한 것을 다시 이룩한 것이 수십 개소가 되었고, 고려의 충의왕(忠懿王)에게 사람을 보내어 천태종의 서적을 빌려다가 다시 중국에 펴 놓았다. 송나라 태조(太祖) 개보(開寶) 5년에 82세로 입적하였다. 그의 법을 이은 제자가 1백여 명이나 되고, 그 중 보문희변(普門希辯)에게서 고려의 혜홍(慧洪)선사가 나왔다.

5) 용제소수(龍濟紹修) : 그가 남방으로부터 지장계침(地藏桂琛)화상을 찾아갔더니, 묻기를 "남방의 불법이 어떻던가? 우리가 여기에서 농사 지어 주먹밥 먹는 것과 어떻던가?", "그러나 삼계를 못 벗어나지 않았습니까?", "자네가 무엇을 가지고 삼계라 하는가?" 하는 데서 깨쳤다. 그 뒤에 법안과 같이 동행하여 어디로 가다가 도중에서 법안의 묻는 말에 의심이 생기어, 다시 지장에게 와서 물어 비로소 훤칠하게 깨치고, 지장의 법을 이어 가지고 무주(撫州)의 용제산에서 교화하였다.

6) 남대수안(南臺守安) : 지장계침의 법을 이어가지고, 처음에 강주(江州)의 오공원(悟空院)에 있다가 나중에 형악(衡岳)의 남대사에 있었다.

임제가풍(臨濟家風)

알몸에다 한 칼 들고 부처님도 용서 없고 조사라도 죽이노라. 예와 이제 할 것 없이 삼현(三玄)이나 삼요(三要)로써 판단하고, 용과 뱀을 빈주구(賓主句)로 알아낸다. 금강왕의 보배 칼로 도깨비를 쓸어내고, 사자의 위엄을 떨치어서 뭇 짐승의 넋을 찢네. 임제종을 알려는가? 푸른 하늘에 벼락치고 평지에서 물결 인다.

臨濟家風 : 赤手單刀로 殺佛殺祖하며 辨古今於玄要하고 驗龍蛇於主賓이라 操金剛寶劍하야 掃除竹木精靈하며 奮獅子全威하야 震裂狐狸心膽이로다 要職臨濟宗麼아 靑天轟霹靂이요 平地起波濤로다

조동가풍(曹洞家風)

권도로써 다섯 자리[1]를 열어놓아 세 가지 근기들을 잘 다룬다. 보배 칼을 베어들고 삿된 소견 많은 숲을 말끔하게 베어내고, 널리 고루 통하는 길을 묘하게도 맞추어서 천만 갈래 모든 생각 끊어내어 버리누나. 위음왕불[2] 나시기 전 까마득한 그 빛이요, 하늘과 땅 생기기 전 신선세계 경치로다. 조농종을 알려는가? 부처님도 안 나시고 아무것도 없던 그전, 똑바른 것, 치우친 것, 있는 거나 없는 것에 떨어지지 않느니라.

曹洞家風 : 權開五位하야 善接三根하며 橫抽寶劍하야 斬諸

見稠林하며 妙協弘通하야 截萬機穿鑿이로다 威音那畔에 滿目煙光이요 空劫已前에 一壺風月이로다 要職曹洞宗麼아 佛祖未生空劫外에 正偏不落有無機로다

譯註

1) 조동종의 다섯 자리〔曹洞五位〕: 중생의 여러 가지 기질에 맞추어 고루 교화하기 위하여 '바름〔正〕'과 '치우침〔偏〕'의 두 가지 도리를 서로 합치기도 하고 나누기도 하여, 다섯 가지의 법자리를 열어 보인 것이다. '바름'이라 함은 음(陰)이라고도 하는데, 고요한 것〔靜〕· 몸〔體〕· 빈 것〔空〕· 이치〔理〕· 평등· 절대· 본각(本覺)· 진여(眞如) 같은 것들을 표시함이고, '치우침' 이란 것은 양(陽)이라고도 하는데, 움직임〔動〕· 씀〔用〕· 물질〔物〕· 일〔事〕· 차별· 상대· 생멸(生滅) 같은 것들을 표시함인데, 다섯 가지 법 자리는 다음과 같다.

① 바른 가운데 치우침〔正中偏〕: 몸〔體〕 가운데 씀〔用〕이 있고, 이치 가운데 일이 갖추어 있는 것을 알아서, 하는 것이 있는 공부〔有爲功用〕로써 닦아가는 삼현(三賢)의 지위(地位)에 해당한다.

② 치우친 가운데 바름〔偏中正〕: 일 속에 이치가 있음을 알아서 일로부터 이치에 들어가는 것이다.

③ 바른 가운데서 오는 것〔正中來〕: 이치대로 일을 닦고〔如理修事〕 성품에 어기지 않게 실행하여 가는 것이니, 보살의 초지(初地)로부터 칠지(七地)까지의 하는 것이 있는 닦음〔有功用之修行〕이다.

④ 치우친 가운데 이르렀다〔偏中至〕: 일이 이치에 맞고 씀이 몸에 어울리어 종일 닦되 닦는 바가 없고, 매일 쓰되 쓰는 것이 없는 경지

이니, 곧 보살의 팔지로부터 십지까지의 하는 것이 없이 닦는〔無功用之修行〕지위이다.

⑤ 겸하여 이르렀다〔兼中到〕: 일과 이치가 무르녹고 몸과 씀이 하나가 되어, 어디나 걸림이 없는 부처의 지위를 말함이다. 이것을 정편오위(正偏五位)라고도 한다.

2) 위음왕불(威音王佛) : 『법화경』「상불경보살품(常不輕菩薩品)」에 실려 있다. 공겁(空劫) 때에 맨 처음 성불한 부처님이다. 그러므로 '무한히 먼 때', 또는 '맨 처음'이란 뜻으로 쓰고, 따라서 종문(宗門)에서는 본분(本分)·향상(向上)·실제(實際)·이지(理地)의 뜻을 표시하는 말로 쓴다. 그리하여 향하(向下)·사상(事相)은 위음왕불 이후라고 하는 것이다.

운문가풍(雲門家風)

칼날에는 길이 있고 철벽에는 문이 없다. 온 천하의 말썽거리 둘러엎고, 온갖 못된 소견들을 잘라내어 버리노라. 빠른 번개같이 되어 미처 생각할 수 없고, 펄펄 붙는 불꽃 속에 어물거려 볼 터이냐. 운문종을 알려는가? 주장자가 날뛰어서 하늘 높이 올라가고, 잔 속에서 부처님들 설법을 히네.

雲門家風 : 劒鋒有路하고 鐵壁無門이라 掀翻露布葛藤하고 剪却常情見解하니 迅電은 木及思量이요 列焰에 寧容湊泊이리요 要職雲門宗麼아 柱杖子勃跳上天하고 盞子裡에 諸佛이 説法

이로다

위앙가풍(潙仰家風)

 스승님과 그 제자가 부르면 회답하고, 아버지와 그 아들이 한집에서 살고 있네. 옆구리에 글자 쓰고[1] 머리 위엔 뿔이 뾰족 솟았구나. 방 안에서 사람들을 끓어내니 사자 허리 부러진다. 네 가지 말 다 여의고 백 가지 아닌 것도 모두 함께 끓어버려 한 망치로 부수었네. 두 낱 입이 있지만 한 낱 혀도 없는구려. 아홉 구비 굽은 구슬 환하게도 꿰뚫었다. 위앙종을 알아볼까? 꺾인 비석 옛길 위에 누웠는데 무쇠 소는 작은 집에서 잠을 자네.

 潙仰家風: 師資唱和하니 父子一家로다 脇下書字하니 頭角이 崢嶸이요 室中驗人에 獅子腰折이로다 離四句絶百非를 一槌粉碎하니 有兩口無一舌이여 九曲珠通이로다 要識潙仰宗麼아 斷碑는 橫古路하고 鐵牛는 眠少室이로다

譯註

1) 옆구리에 글자 쓰고(脇下書字) : 위산화상이 설법하기를, "노승(老僧)이 죽어서 산 아래 단월(檀越)의 집에 가서 물소(水牯牛)로 태어나되, 왼쪽 옆구리에 '위산승(潙山僧) 영우(靈佑)'라고 씌어 있을

것이다. 그때에 소라고 부를 터이냐? 위산이라고 부를 터이냐? 필경 무엇이라고 부를 것이냐?" 하매 앙산이 나와서 절하고 물러갔다.

법안가풍(法眼家風)

말끝마다 메아리가 울려오고 날랜 칼날 숨었구나. 해골박이 온 세계를 지배하고 콧구멍[1])은 어느 때나 그 가풍을 불어내네. 바람부는 나무 숲과 달 비치는 물가에는 참 마음이 드러났고, 푸른 대와 누른 국화 묘한 법을 보여 주네. 법안종을 알려는가? 맑은 바람 구름 밀어 산마루로 올라가고, 밝은 달은 물에 떠서 다리 지나 흘러오네.

法眼家風 : 言中有響하고 句裡藏鋒이라 髑髏는 常干世界하고 鼻孔은 磨髑家風이라 風柯月渚는 顯露眞心하고 翠竹黃花가 宣明妙法이로다 要識法眼宗麼아 風送斷雲歸嶺去하고 月和流水過橋來로다

譯註

1) 콧구멍〔鼻空〕: 태아가 어머니 뱃속에서 몸이 생길 때에 코가 먼저 생기고, 오관(五官) 가운데도 콧구멍이 먼저 뚫린다고 하여, 본분(本分)·본각(本覺)에 비유하여 말하는 것이다.

따로 임제종의 종지를 밝힘

일구(一句) 가운데 삼현(三玄)이 갖추어져 있고, 일현(一玄) 가운데 삼요(三要)가 갖추어져 있는데, 일구는 글발이 없는 인(印)[1]이고, 삼현과 삼요는 글발이 있는 인이다. 권도와 실상은 현(玄)이며, 비침과 씀은 요(要)가 된다.

삼구(三句) : 첫째 구는 몸이 죽고 숨이 끊어지는 것이며, 둘째 구는 입을 열기 전에 그르쳤고, 셋째 구는 똥삼태기와 빗자루이니라.

삼요(三要) : 첫째 요는 비침이 곧 큰 기틀이고, 둘째 요는 비침이 곧 씀이며, 셋째 요는 비침과 씀이 한때가 된다.

삼현(三玄) : 체 가운데 현은 삼세가 한 생각이라는 따위들이고, 구 가운데 현은 지름길 말들이며, 현 가운데 현은 양구[2]와 방망이와 할 같은 것들이다.

사료간(四料揀) : 사람을 빼앗고 경계를 빼앗지 않는 것은 하등 근기들을 다루는 법이고, 경계를 빼앗고 사람을 빼앗지 않는 것은 중등 근기들을 다루는 법이며, 사람과 경계를 함께 빼앗는 것은 상등 근기를 다루는 법이고, 사람과 경계를 함께 빼앗지 않는 것은 격 밖에 사람을 다루는 법이다.

사빈주(四賓主) : 손 가운데 손은 배우는 이가 콧구멍이 없는 것이니 물음이 있고 대답이 있는 것이고, 손 가운데 주인은 배우는 이가 콧구멍이 있는 것이니 주인도 있고 법도 있는 것이며, 주인 가운데 손은 스승의 콧구멍이 없는 것이니 묻는 것만 있고, 주인 가운데 주인은 스승의 콧구멍이 있는 것이니 기특한 것도 해롭지 않다.

사조용(四照用) : 먼저 비치고 뒤에 씀은 사람이 있는 것이고, 먼저 쓰고 뒤에 비침은 법이 있는 것이며, 비침과 씀이 한때로 되는 것은 밭을 가는 농부의 소를 빼앗고 주린 사람의 밥을 빼앗는 것이고, 비침과 씀이 한때가 아닌 것은 물음이 있고 대답이 있는 것이다.

사대식(四大式) : 정리(正利)란 것은 소림굴에서 돌아앉아 있는 따위고, 평상 도리란 것은 화산의 '북 칠 줄 안다'[3]는 따위며, 본분이란 것은 '산승은 모르노라'[4]한 따위고, 거짓을 꾸민다는 것은 달마대사[5]가 '알지 못하노라' 한 따위들이다.

사할(四喝) : 금강왕 보배칼의 할이란 것은 한 할에 온갖 생각과 알음알이를 끊어버리는 것이고, 땅에 버티고 앉은 사자의 할이란 것은 말을 하거나 입김만 내쏘아도 모든 마군의 머리가 터지는 것이며, 탐지하는 막대기와 풀 그림자[6]란 것은 그 상대자의 콧구멍이 있는가 없는가를 탐지하는 것이며, 또 한 가지 할은 한 말로만 쓰이지 않고 위에 말한 삼현과 사빈주 같은 것들을 다 갖추고 있는 것이다.

팔방(八棒) : 영을 내려서 이치에 돌아가게 하는 것과, 닥치는 대로 쓸어버려서 바르게 하는 것과, 이치도 내버리고 바른 것까지도 쳐버리는 것과, 몹시 책망하는 것들은 벌을 주는 방망이고, 종지에 맞도록 하는 것은 상을 주는 방망이며, 비게도 하고 차게도 하는 것은 가리어보는 방망이고, 함부로 쓰는 것은 눈먼 방망이며, 범부와 성인을 함께 쓸어버리는 것은 바른 방망이다.

이와 같은 법들은 하필 임제종의 가풍만이 될 뿐 아니라, 위로 모든 부처님으로부터 아래로는 중생들에게 이르기까지 다 제대로 갖추어져 있는 당연한 일이다. 만약 이것을 여의고 설법한다는 것은 모두 거짓말이니라.

別明臨濟宗旨 : 大凡一句中에 具三玄하고 一玄中에 具三要하니 一句는 無文綵印이요 三玄三要는 有文綵印이라 權實은 玄이요 照用은 要라

三句 : 第一句는 喪身失命이요 第二句는 未開口錯이요 第三句는 糞箕掃箒라

三要 : 一要는 照卽大機요 二要는 照卽大用이요 三要는 照用同時라

三玄 : 體中玄은 三世一念等이요 句中玄은 徑截言句等이요 玄中玄은 良久棒喝等이라

四料揀 : 奪人不奪境은 待下根이요 奪境不奪人은 待中根이요 人境兩俱奪은 待上根이요 人境俱不奪은 待出格人이라

四賓主 : 賓中賓은 學人이 無鼻孔이니 有問有答이요 賓中主는 學人이 有鼻孔이니 有主有法이요 主中賓은 師家無鼻孔이니 有問在요 主中主는 師家有鼻孔이니 不妨奇特이라

四照用 : 先照後用은 有人在요 先用後照는 有法在요 照用同時는 驅耕奪食이요 照用不同時는 有問有答이라

　四大式 : 正利는 少林面壁類요 平常은 禾山打鼓類요 本分은 山僧不會類요 貢假는 達摩不識類라

　四喝 : 金剛王寶劍은 一刀에 揮斷一切情解요 踞地獅子는 發言吐氣에 衆魔腦裂이요 探竿影草는 探其有無師承鼻孔이요 一喝不作一喝用은 具上三玄四賓主等이라

　八棒 : 觸令返玄과 接掃從正과 靠玄傷正이며 苦責은 罪棒이요 順宗旨는 賞棒이요 有虛實은 辨棒이요 盲架는 瞎棒이요 掃除凡聖은 正棒이니라

　此等法은 非特臨濟家風이라 上自諸佛로 下至衆生히 皆分上事니 若離此說法하면 皆是妄語니라

譯註

1) 글발 없는 인〔無文綵印〕 : 선법(禪法)을 세 가지로 나누어 말하는 수가 있다. ① 의리선(義理禪)이란 것은 말이나 글로 해석하고 설명하는 선을 이름이니, 마치 인장으로써 진흙에 찍으면 인발이 분명하게 드러나 있는 것과 같다. ② 여래선(如來禪)이란 것은 생각과 알음알이가 아주 끊어지지 않아서, 말 자취가 있고 이치의 길이 남아 있어서, 마치 인장을 물에 찍은 것 같다. ③ 조사선(祖師禪)이란 것은 말 자취와 생각이 끊어져, 이치나 일에 다 걸림없는 것이 마치 인장을 허공에 찍은 것과 같은 것이다.
2) 양구(良久) : 한참 말이 없이 침묵하고 있는 것인데, 그 첫 기록으로

는 어떤 외도(外道)가 부처님께 묻기를, "말씀 하지도 말고 말씀 안 하지도 말고 진리를 가르쳐 주소서" 하는데, 부처님은 양구하였다. 그러자 그 외도는 깨치고 나서 부처님을 찬탄하였다. 둘 아닌 법〔不二法〕에 대하여 여러 보살들이 제각기 말하는데, 유마힐은 양구하여 여럿의 칭찬을 받았다. 그 뒤로 종문에서 법담(法談)하는데 이 특별한 수단을 많이 쓴다.

3) 화산의 '북칠 줄 안다'〔禾山解打鼓〕: 승조(僧肇)법사의 『보장론(寶藏論)』에, "익히고 배우는 것을 문(聞)이라 하고, 배우는 것도 없는 것을 인(隣)이라 하고, 이 두 가지를 다 지나가야 참으로 지난 것〔眞過〕이 된다" 란 말씀이 있는데, 송나라 때 길주(吉州)의 화산에 있던 무은(無殷)선사가 상당 설법하는 때에 이 말을 끌어다가 그대로 말씀하였더니, 어떤 중이 나와서 묻기를, "어떤 것이 참으로 지난 것입니까?" 선사가 대답하기를, "북칠 줄 안다〔解打鼓〕.", 또 "어떤 것이 참 이치〔眞諦〕입니까?" "북칠 줄 안다.", 또 "마음이 곧 부처란 것은 더 묻지 않겠습니다만, 마음도 아니고 부처도 아니란 뜻이 무엇입니까?" "북칠 줄 안다." 다시 묻기를, "아득히 올라가는 이〔向上人〕가 올 때에는 어떻게 대하시겠습니까?" "북칠 줄 안다." 라 하여 무슨 말을 묻던지 한결같이 '북칠 줄 안다.' 고만 대답하였다.

4) 나는 모른다〔山僧不會〕: 석두희천(石頭希遷)선사에게 도오(道悟)가 묻기를, "육조(六祖)의 바른 법을 어떤 이가 얻었습니까?" "불법을 안 사람이 얻었느니라." "스님도 얻으셨습니까?" "나는 불법을 모른다." 하였고, 또 어떤 스님이 그에게 묻기를, "조사가 서쪽에서 전하여 온 법이 무엇입니까?" "말뚝(露柱)에게 물어라." "무슨 말씀인지 모르겠습니다." "나는 더구나 모르겠다." 하였다. 이와 비슷한 말을 육조도 하였고 다른 이도 한 일이 많다.

5) 달마대사(達摩大師) : (?~536). 남인도의 향지왕(香至王)의 셋째아들로서 출가하여 반야다라(般若多羅) 존자의 법을 받았다. 본국에서 오래 교화하다가 양(梁)나라 무제(武帝) 대통(大通) 1년(527)에 배로 광동성 광주(廣州)에 닿았다. 금릉(金陵)에 이르자 무제가 묻기를, "짐이 절을 짓고 탑을 쌓고 경을 쓰고 중을 득도시키기를 한정없이 하였는데, 어떤 공덕이 있겠습니까?" "조금도 공덕이 없습니다." "왜 그러합니까?" "그것은 인간이나 천상의 작은 복이며 유루(有漏) 공덕이 될 뿐이지요." "그러면 어떤 것이 참 공덕입니까?" "맑은 지혜는 묘하게 밝아서 뚜렷이 비치어 있을 뿐이라, 세상의 함이 있는〔有爲〕일로써 구할 수가 없는 것이요." "어떤 것이 거룩한 법의 첫째가는 도리〔聖諦第一義〕입니까?" "훤칠하여 거룩한 것도 없습니다." "그러면 짐을 대하여 말하는 것이 무엇입니까?" "모르겠습니다〔不識〕." 무제는 그 말뜻을 알아듣지 못하고 푸대접하였다.

대사는 양자강을 건너 숭산(嵩山) 소림사(少林寺)의 석굴에서 9년 동안 면벽(面壁)하고 있었다. 혜가(慧可)가 와서 지성으로 법을 물었다. "저의 마음을 편안하게 하여 주소서." "편안하게 하여 줄 터이니 너의 마음을 가져 오너라." "마음을 찾아도 얻을 수가 없습니다." "너의 마음을 편안하게 하였다." 이에 혜가는 깨쳤다.

그 뒤에 세상 인연이 오래지 못할 것을 알고, 제자들을 불러서 각기 소견을 말하라 하였다. 도부(道副)는 "문자에 국집할 것도 없고 문자를 버릴 것도 아니라고 봅니다." "너는 나의 가죽을 얻었다." 비구니 총지(總持)는 말하기를, "제가 본 바로는 아난이 아촉불국을 한 번 보고는 다시 보지 못한 것과 같습니다." "너는 나의 살을 얻었다." 도육(道育)은 "오온(五蘊)이 본래 비었으므로 한 번도 얻을 것이 없습니다." "너는 나의 뼈를 얻었다." 혜가는 다만 나와서 절하고 제 자리에 물러가 섰다. 이에 "네가 나의 골수(骨髓)를 얻었다" 하고 부처님의 의발(衣鉢)과 아래와 같은 전법게(傳法偈)를 혜가에게 주었다. "내가 이 땅에 온 뜻은 오직 법을 전하여 중생을 건질 뿐, 한 꽃이 피어 다섯 잎 되면 많은 열매가 저절로 맺히리〔吾本來玆土 傳法救迷情 一華開五葉 結果自然成〕."

위(魏)나라 효명제(孝明帝)가 세 번이나 모시려 하였으나, 굳이 사양하고 예물만은 부득이 받았다. 그러나 광통(光統)율사 같은 이들은 그를 시기하여 다섯 번이나 음식에 독약을 넣었지만 번번히 토하여 무사하였는데, 여섯 번째는 그대로 두어 그 중독으로 인하여 입적하자 웅이산(熊耳山)에 매장하였다. 그 후에 위나라 사신 송운(宋雲)이 서역(西域)에 갔다 오다가, 총령(葱嶺)에서 달마대사가 맨발 벗고 신 한짝을 들고 가는 것을 만나보고 와서 그 묘를 파보니, 신 한짝만 남았더라고 하는 전설이 있다.

6) 탐지하는 막대기와 풀 그림자〔探竿影草〕: 어부가 고기를 잡을 때에는 먼저 물이 깊고 얕음을 알아보기 위하여 막대기를 사용하는 것이고, 도둑이 남의 집에 들어가려 할 때는 먼지 불 꺼진 빙 인에 주인이 잠들었는지 알아보기 위하여 풀 묶음을 달빛에 흔들어서 그 창문에 비추어 보는 것이다. 도인들도 법을 문답할 때에 상대편을 여러 가지 방법으로써 시험하게 된다.

임제의 할과 덕산의 방망이가 다 나는 것이 없는 이치를 철저하게 사무쳐서, 어디까지나 훤칠한 큰 기틀과 큰 씀이 없이 끝없이 자유자재하여 걸림없고, 전체로 한 덩어리를 이루어서 남김없이 되어 가지고도, 물러서서 큰 어른이신 문수와 보현의 경계를 지키지만 실상대로 말하자면 이 두분도 도깨비가 됨을 면하지 못하는 것이다.

臨濟喝德山棒이 皆徹證無生하야 透頂透底라 大機大用이 自在無方하여 全身出沒하며 全身擔荷하야 退守文殊普賢 大人境界니 然이나 據實而論컨댄 此二師도 亦不免偸心鬼 子니라

註解

시퍼런 칼날 다치지 말라.

凜凜吹毛여 不犯鋒鋩이라

頌.

번쩍번쩍 서릿발 물에 뛰는 구슬인가
구름 가신 하늘에 흘러가는 저 달이여

爍爍寒光珠媚水하고 寥寥雲散月行天이로다

禪家龜鑑 · 211

79.

대장부는 부처나 조사 보기를 원수같이 하여야 한다. 만약 부처에게 매달려 구하는 것이 있으면 부처에 얽매이는 것이고, 만약 조사에게 매달려 구하는 것이 있으면 조사에 얽매이는 것이 된다. 무엇이나 구하는 것이 있으면 모두 고통이 되고 만다. 일 없는 것만 같지 못하니라.

大丈夫는 見佛見祖를 如寃家하나니 若着佛求하면 被佛縛이요 若着祖求하면 被祖縛이라 有求皆苦니 不如無事니라

註解

'부처와 조사도 원수같이 보라' 하는 것은 첫머리의 '바람 없이 물결을 일으킨다' 고 한 말을 맺음이고, '구하는 것이 있으면 다 고통이 된다' 는 것은 '다 그대로 옳은 것이다' 고 한 말을 맺은 것이며, 일 없는 것만 같지 못하다는 것은 '한 생각이라도 일으키게 되면 곧 어기어 버린다' 고 한 말을 맺은 것이다. 이렇게 되면 앉아서 온 천하 사람의 혀 끝을 끊게 되며, 나고 죽는 빠른 바퀴가 저절로 멈추게 되리라. 난리를 평정하고 나라를 평안하게 하는 것은 단하선사가 목불을 살라 버린 것[1]과 운문선사가 '개밥 준다'[2]는 것과 누파가 부처님

을 아니 보려한 것³⁾같은 것들이니, 모두 요사한 것을 꺾고 바른 것을 드러내는 수단이니라. 그러나 필경 어떠할 것인가?

佛祖如冤者는 結上無風起浪也요 有求皆苦者는 結上當體便是也요 不如無事者는 結上動念卽乖也라 到此하야 坐斷天下人舌頭하고 生死迅輪을 庶幾停息也라 扶危定亂은 如丹霞燒木佛과 雲門喫狗子와 老母不見佛이라 皆是摧邪顯正底手段이니 然이나 畢竟如何오

頌

자고 노래하고 온갖 꽃 곱게 피는
저 강남 삼월 놀이 언제나 그리워

常憶江南三月裡에 鷓鴣啼處百花香이로다

譯註

1) 단하의 목불을 불사름〔丹霞燒木佛〕: 중국 등주(鄧州)의 단하천연(丹霞天然; 739~824)선사가 어디 가다가 낙동(洛東)의 혜림사(慧林寺)에 이르니 때는 겨울이라 퍽 추웠다. 법당에 올라가서 부처님을 보니, 목불(木佛)이므로 도끼로 쪼개어 불을 놓고 있었다. 그 절 원주가 이것을 보고 깜짝 놀라서 힐문하였다. 단하는 막대기로 재를 뒤적이며, "석가여래의 몸은 화장하여 많은 사리가 나왔다기에, 나

도 이 부처님에게서 사리를 받으려 하오." "여보, 목불에서 무슨 사리가 나온다는 말이오?" "사리가 안 나올 바에야 나무토막이지 무슨 부처님 될 것이 있겠소!" 하였다. 이것은 참 부처를 드러내기 위하여 거짓 부처를 쳐버리는 특별한 경우의 비상한 방편인 것이다.

2) 운문의 개밥〔雲門喫狗子〕: 석가여래께서, "하늘 위나 하늘 아래에 오직 내가 가장 높다〔天上天下唯我獨尊〕" 하신 말씀에 대하여 여러 조사스님들이 해석도 하고 칭송도 한 바가 많지만, 운문 문언선사는 말하기를, "내가 그 당시에 있었더라면, 한 뭉치로 때려잡아 주린 개나 주어 뜯어먹게 하였겠다!"라고 하였다. 이 말을 들은 여러 선지식들은, "아! 운문이야말로 참으로 '유아독존'의 뜻을 잘 설명하였다. 부처님의 제자답다" 하고 모두 칭찬하였다.

3) 노파가 부처님을 아니보려 하다〔老婆不見佛〕: 사위성(舍衛城)의 모든 사람들이 부처님을 보려고 물밀 듯한 길에 나오는데, 성동(城東)에 있는 한 노파는 부처님을 안 보려고 문을 닫고 눈을 감고 두 손으로 눈을 가리었는데, 열 손가락 끝마다 부처님이 뚜렷이 나타났었다고 한다. 이것은 누구에게나 다 있는 그 참 부처를 가리키는 말이다. 자성불(自性佛)에 비추어 본다면, 석가여래도 참 부처는 못되는 것이다. 하물며 그의 육신을 보려는 것이 어찌 어리석은 일이 아니랴. 손가락 끝마다 부처님이 나타났다는 것은 눈을 감고 뜨는 것이나 손가락을 들고 내리는 것이 모두 참 부처의 출현인 때문이다. 손가락뿐이랴? 붉은 꽃 푸른 잎과 굵은 돌과 가는 티끌 속에까지 부처님이 없는 곳이 없는 것이다.

80.

거룩한 빛 어둡지 않아 천만고에 환하구나. 이 문 안에 들어오려면 알음알이 두지 말라!

神光이 不昧하야 萬古徽猷로다 入此門來에 莫存知解하라.

[註解]

'거룩한 빛이 어둡지 않다'는 것은 첫머리의 '밝고 신령하다'한 것을 맺음이고, '천만고에 환하다'함은 '본래부터 난 것도 아니요 죽음도 없었다'는 것을 맺음이며, '알음알이 두지 말라'함은 '이름에 얽매어서 알음알이 내지 말라'한 것을 맺음이다. '문'이란 것은 '범부와 성인이 드나든다'는 뜻이 있으니, 하택 신회선사의 '안다〔知〕'는 한마디 말이 온갖 묘한 이치의 문이니라.

아! '이름 지을 수도 모양 그릴 수도 없다'는 데서 시작하여, '알음알이 두지 말라'는 것으로 끝을 맺으니, 한때의 얽힌 넝쿨을 한마디 말로써 끊어 버렸다. 그리하여 한 알음알이로써 시작과 맺음을 삼고, 중간에는 온갖 행실을 들어보였다. 더구나 알음알이 한마디는 불법에 큰 해독이기 때문에 특별히 들어서 마치었으니, 하택선사가 조계의 맏아들이 못된 것이 이 때문이다. 이에 송(頌)하노라.

이처럼 들어보여 종지를 밝혔다면
눈푸른 달마스님 한바탕 웃었으리
그러나 필경 어떠할까? 아! 애닯다
하늘엔 달이 밝고 강산은 고요한데
터지는 웃음소리 천지가 뒤집히네

神光不昧者는 結上昭昭靈靈也요 萬古徽猷者는 結上本不生滅也요 莫存知解者는 結上不可守名生解也라 門者는 有凡聖出入義하니 如荷澤의 所謂知之一字는 衆妙之門也라 吁라 起於名狀不得하야 結於莫存知解하니 一篇葛藤을 一句都破也로다 然이나 始終一解에 中擧萬行하니 如世典之三義也라 知解二字는 佛法之大害故로 特擧而終之하니 荷澤神會禪師가 不得爲曹溪嫡子者는 以此也라 因而頌曰, 如斯擧唱明宗旨하면 笑殺西來碧眼僧하리라 然이나 畢竟如何오 咄, 孤輪獨照江山靜하니 自笑一聲天地驚이로다

발 문

　위에 있는 글은 조계 노화상 퇴은 큰스님께서 지으신 것이다. 요사이 한 이백 년 동안 부처님의 바른 법이 더욱 쇠잔하여, 선과 교의 무리들이 제각기 딴 소견을 내게 되었다. 교만을 주장하는 이들은 오직 찌꺼기에만 맛을 붙여 한갓 바닷가의 모래만 셀 뿐, 다섯 교문의 위에 바로 사람의 마음을 가리켜서 스스로 깨쳐 들어가게 하는 문이 있음을 알지 못하고, 선만 주장하는 이들은 스스로 천진된 것만 믿어서 닦고 깨치는 것을 우습게 보고, 더구나 단박 깨친 뒤에 비로소 참으로 발심하여 온갖 행실을 닦는 뜻을 알지 못하고 있다. 그리하여 선과 교가 뒤섞여 넘치고 모래와 금을 가리지 못하게 되니,『원각경』[1)]에 이른바, "본래 성불하였다는 말을 듣고는, 모르는 것도 깨치는 것도 본래 없는 것이며, 인과도 집이치우는 것이 삿된 소견이요, 또한 오랫동안 닦아 무명을 끊는다는 말을 들으면, 참 성품이 망념을 내는 것이라 하여 떳떳한 참성품을 잃어버리게 되는 것도 또한 삿된 소견이 된다"고 한 것이 이런 것이다.

아! 위태하여라. 이 도가 바로 전하여지지 못함이 어찌 이다지 심할까? 겨우 이을락말락하여 마치 한 올의 머리카락으로 천 근이나 달아올리듯 거의 땅에 떨어질 듯하더니, 마침 우리 큰스님께서 서산에 계신 지 한 10년 동안, 소를 먹이는 틈틈이 50본의 경론과 어록들을 보시다가 그 속에 혹시 공부하는 데 요긴하고 간절한 말이 있으면 곧 기록하여 놓으시고는, 때때로 몇몇 제자들에게 차근차근 가르치시기를 양의 떼를 먹이듯 하여, 지나친 이는 누르고 뒤떨어진 이는 채찍질하여 크게 깨치는 문 안으로 몰아넣으려고 줄곧 애를 쓰셨다. 하지만 모두 너무도 미욱하여 도리어 법문이 높고 어려운 것으로써 탈을 잡으므로, 노장님께서 가련하게 여기시어 다시 각 구절마다 주해를 넣어서 해석하고 차례로 엮어놓았다. 여러 마디가 한 줄에 이어지고 핏줄이 서로 통하여, 팔만대장경의 요긴한 곳과 다섯 종파의 근원이 모조리 이에 갖추어져서, 낱낱이 이치에 어울리고 귀절귀절 종지에 들어맞아 치우치던 이는 둥글게 되고 걸렸던 이는 통하게 되니, 참으로 선과 교의 거울이요, 깨닫는 데와 닦아가는 길에 좋은 약이라 할 만하다.

그러나 큰스님께서 늘 이 일에 대하여는, 한 말씀 반 구절이라도 마치 칼날 위에서 뛰는 것같이, 조심조심 하여 종이에 오를까 걱정하시었거늘, 어찌 이것으로써 널리 유통시켜 당신의 솜씨를 사랑할 생각이 있었으랴. 문인 백운(白雲)선사 보원(普願)이 정서하고, 문인 벽천선덕(碧泉禪德) 의천(義天)이 교정하니, 문인 대선사 대상(大常)과 문인 청하도인(靑霞道人) 법융(法融) 같은 이들이 머리를 조아려 절하고 말하기를, "참으로 거룩하다!" 하고 동지 육칠인과 함께 바랑을 털어서 판각에 올려, 큰스님의 가르치시고 열어주신 은혜를 갚기로 하였다. 조사의 묘한 법과 부처님의 깊은 이치는 바다같이 아득하거니, 여의주를 찾고 산호를 캐려는 이들이 어디 가서 구하여 보랴? 바다에 들어가기를 육지와 같이 하는 수단이 아니라면, 물가를 바라보고 탄식만 할 것이 아닌가. 그러기에 추려낸 공로와 깨우쳐 준 은혜는 산같이 높고 바다처럼 깊은 것이다. 가령 천 번이나 몸을 갈고 만 번이나 목숨을 바친들 어찌 그 털끝만큼이나 갚을 수 있으랴. 천리 밖에서 듣거나 보거나 하고, 놀라지도 않고 의심하지도 않고, 받들어 읽어서 보배로 삼는다면, 참으로 천 년 뒤에 한 자운(子雲)[2]이 되리라.

만력 기묘(1579년) 봄, 조계종[3] 유손
사명 종봉 유정은 구결에 절하옵고 삼가 발문을 씀

跋
右編은 乃曹溪老和尚 退隱師翁所著也라 噫라 二百年來에

師法이 益喪하야 禪敎之徒가 各生異見하니 宗敎者는 唯眈糟粕하야 徒自算沙하고 不知五敎之上에 有直指人心하야 使自悟入之門이요 宗禪者는 自恃天眞하야 撥無修證하고 不知頓悟後에 始卽發心하야 修習萬行之意하니 禪敎混濫하야 沙金을 罔分이라 圓覺에 所謂聞說本來成佛하고 謂本無迷悟라 하야 撥置因果則 便成邪見이요 又聞修習無明하고 謂眞能生妄이라 하야 失眞常性則亦成邪見者가 是也라 嗚呼殆哉라 斯道不傳이 何若是甚也오 綿綿涓涓이 如一髮이 引千鈞하야 幾乎落地無從矣러니 賴我師翁이 住西山一十年하야 鞭牛有暇에 覽五十本經論語錄타가 間有日用中에 參決要切之語句則輒錄之하야 時與室中二三子로 詢詢然誨之하니 一如牧羊之法하야 過者는 抑之하고 後者는 鞭之하야 驅入於大覺之門하니 老婆心得徹困이 若是其切也언마는 奈二三子鈍根也리요 返以法門之高峻으로 爲病하니 師翁이 愍其迷蒙하야 各就語句下하야 入註而解之하며 編次而繹之하니 鉤鎖連環하고 血脈相通이라 萬藏之要와 五宗之源이 極備於此하니 言言見諦요 句句朝宗이라 向之偏者는 圓之하고 滯者는 通之하니 可謂禪敎之龜鑑이요 解行之良藥也로다 然이나 師翁이 常與論這般事하되 雖一言半句라도 如弄劒刃上事하야 恐上紙墨하니 豈欲以此流通하야 誇衒已能哉아 門人白雲禪師普願이 寫之하고 門人碧泉禪德義天이 校之하고 門人大禪師大常과 門人靑霞道人法融等이 稽首再拜曰, 未曾有也라 하고 遂與同志六七人으로 傾鉢囊中所儲하야 入梓流通하야 以報師翁訓蒙之

恩也라 大機龍藏이 汪洋하야 渺若淵海하니 雖言探龍珠采珊瑚者라도 孰從而求之리요 非入海如陸之手段이면 頗不免望涯之歎이로다 然則撮要之功과 發蒙之惠가 如山之高와 若海之深이라 設若碎萬骨粉千命인들 如何報得一毫哉아 千里之外에 有見之聞之하야 不驚不疑하고 敬之讀之하야 以爲寶玩則眞所謂千歲之下一子雲耳로다

　時萬曆己卯 春
　曹溪宗遺 泗溟鍾峰 惟政은 拜手口訣하고 因爲謹跋하노라

서산스님 약력

 법명은 휴정(休靜), 자는 현응(玄應), 호는 청허(淸虛)라고 하였다. 평안도 영변(寧邊) 묘향산(妙香山)에 많이 계셨으므로 남들은 흔히 '서산(西山)스님'이라 일컫게 되었고, 당신으로서는 금강산 백화암에 있었으므로 '백화도인(白華道人)'이라고도 하였으며, 선·교 양종 판사를 사직한 뒤에는 '퇴은(退隱)'이라고 하였다. 1520년(중종 15) 3월 26일에 평안도 안주(安州)에서 나시니 아버지는 완산(完山) 최(崔)씨 세창(世昌)이요, 어머니는 김씨인데, 형님 세 분과 누이 한 분이 있었다. 9세에 어머니를, 10세에 아버지를 잃고 의지할 데가 없었는데, 총명이 뛰어나고 운자를 부르자마자 글을 짓는 재주가 있었으므로, 그 고을에 왔던 원이 데려다가 서울 성균관(成均館)에 넣어 주니, 그때 나이 12세였다.
 얼마 안 가서 어떤 학자의 집에서 3년 동안 공부하며 여러 번 과거를 보았으나 붙지 못하매, 비로소 그 내막에 부정한 일이 많음을 알았다. 때마침 그 선생이 어떤 벼슬을 하여 전라도로 가게 되어 그 분을 따라갔는데, 몇 달이 못 되어 그 선생은

상을 당하여 서울로 돌아가게 되었다. 그는 같이 공부하던 동무들과 산천 구경을 떠났다가 지리산에 들어가서, 쌍계사(雙溪寺) 숭인(崇仁) 장로를 만나 불경을 배우고, 부용영관(芙蓉靈觀)선사에게서 참선을 배우게 되었는데, 그때가 18세였다. 그 뒤 3년만에 깨친 바가 있어 글을 지었다.

소쩍새 소리 듣고 창 밖을 내다보니
봄빛 찬 저 동산이 내 고향이 아닌가
   忽聞杜宇啼窓外
   滿眼春山是故鄕

그리고 그 이튿날 머리를 깎으니, 숭인화상을 양육사(養育師)로, 부용선사를 법사로 정하니, 21세였다.

그 뒤 8년만에 친구를 찾아 어떤 마을 앞을 지나다가, 닭의 소리를 듣고 비로소 크게 깨치고 아래와 같은 글을 가랑잎에 써서 날리었다.

머리 세어도 마음 안 센다고
옛 사람 벌써 말하지 않았던가
닭소리 한 번 이제 듣고서
대장부 큰일을 어허 마쳤네
   髮白心非白 古人曾漏洩

今聞一聲鷄　丈夫能事畢

  30세까지는 오대산과 금강산에서 지내다가, 나라에서 선과(禪科)를 보이게 되자 그에 급제하여 대선(大選)의 법계(法階)를 얻고, 얼마 안 가서 교종판사(敎宗判事)로 석 달 동안 있다가, 다시 선종판사로 있은 지 3년만에 사임하고 금강산 향로봉에 들어가서 지냈다. 그때 글을 짓기를,

  만국의 서울은 개미집이요
  천가의 호걸들도 하루살이라
  밝은 달을 베개삼아 고요히 누웠으니
  끝없이 부는 솔바람 갖은 곡조 아뢰네
    萬國都城如蟻垤
    千家豪傑若醯鷄
    一窓明月淸虛枕
    無限松風韻不齊

  정여립(鄭汝立)의 옥사(獄事)에 어떤 사람이 이 글로써 무고하여, 어전(御前)에까지 잡혀갔다가 선조(宣祖)께서 도리어 잘 대접하고 방면하였다.
  임진왜란이 일어나서 임금께서 의주(義州)로 피난하자, 스님은 향산으로부터 칼을 집고 나아가 임금 앞에서, "전국의

승려들 가운데 늙고 병든 이들은 지성으로 기도하고, 그 나머지는 모두 싸워서 죽기로 하겠다"고 하였다. 이에 그는 팔도 십육종도총섭(八道十六宗都總攝)으로 임명되어, 승병(僧兵)을 거느리고 평양 싸움에서 크게 공을 세웠다. 명(明)나라 이여송(李如松)은 글로써 칭송하였다.

공명을 마다하고 도만 닦아오더니
나랏일 위급하매 큰스님 나오셨네
   無意圖功利 專心學道禪
   今聞王事急 總攝下山巓

서울까지 회복하고 임금을 환궁하게 하고는 '늙은 몸으로 군사를 맡을 수 없다' 하여 사임하고, 그 제자 사명(泗溟)과 처영(處英; 雷默) 두 분을 천거하고 산으로 돌아가니, 나라에서는 '국일도대선사 선교도총섭 부종수교 보제등계존자(國一都大禪師禪敎都總攝扶宗樹敎普濟登階尊者)의 호를 내렸다.

그 뒤로도 금강·지리·묘향 등의 여러 산을 왕래하시니, 따르는 제자가 늘 천어 명이 되있고 그 법을 이어 출세한 세자가 70여 명이 있었다. 1604년(선조 37) 1월 23일, 남여(藍輿)를 타고 향산의 각 절을 다 돌아보고는, 원적암(圓寂庵)에서 제자들을 모아놓고 상당 설법을 하신 뒤에 당신의 진영(眞影)을 가져다가 그 뒷등에 글 쓰기를,

팔십 년 전엔 저가 나러니
팔십 년 뒤엔 내가 저일세
　　八十年前渠是我
　　八十年後我是渠

라 하고, 다시 임종게(臨終偈)로써

억천만 가지 온갖 생각들
불에 떨어진 흰눈 한 조각
진흙 황소가 물 위로 가고
땅과 허공이 꺼져버렸네
　　千計萬思量　紅爐一點雪
　　泥牛水上行　大地虛空裂

이라 쓰고 앉아서 열반에 드시니, 법랍(法臘)이 67세이고 나이가 85세였다. 화장을 모신 뒤에 영골(靈骨) 하나와 사리 세 낱은 향산 안심사(安心寺)에, 또 영골 하나와 사리 두 낱은 금강산 유점사(楡岾寺)에 모셨으며, 유물(遺物)은 대개 전라남도 해남 대흥사(大興寺)에 모셨다. 저술로는 이 『선가구감』과 『선교석(禪敎釋)』, 『삼가구감(三家龜鑑)』, 『운수단(雲水壇)』 각 1권과 『청허집(淸虛集)』 8권이 있다.

사명스님 약력

 법명은 유정(惟政), 자는 이환(離幻), 법호는 사명(泗溟)·종봉(鐘峰) 또는 송운(松雲)이라고도 한다. 1544년(중종 39) 10월 13일에 경상도 밀양(密陽)에서 나시니, 아버지는 임수성(任守成)이요 어머니는 달성 서(徐)씨였다. 어려서 늘 돌이나 흙을 쌓아 부처님이나 탑을 만들고, 꽃이나 모래밥으로써 불공하는 놀이를 하고 있었다. 하루는 어떤 사람이 큰 자라를 잡아가는 것을 보고, 산밤(山栗)을 주워다 주고 바꾸어서 물에 넣어 준 일이 있었다.
 13세에 맹자(孟子)를 읽다가 책을 던지고, 그 길로 출가하여 김천 황악산(黃岳山) 직지사(直指寺)에 입산하여 신묵(信默)화상에게서 득도(得度)하였다. 전등록(傳燈錄)을 보다가 깨친 바가 있었고, 18세에 선과(禪科)에 급제하였으며, 33세에 선종 판사로 추대하는 중망을 물리치고, 묘향산에 들어가 청허스님을 모시고 더욱 크게 깨쳐 그의 법을 받았다. 36세부터 49세까지 금강산·팔공산(八公山)·태백산·오대산 같은 곳에서 지내다가 다시 금강산 유점사 반야암(般若庵)에서 지냈는데, 그때 임진왜란이 일어나 강원도는 가등청정의 군사로 덮이게 되었다. 대중은 모두 달아나고 오직 홀로 지키고 있다가, '보배를 내어 놓으라'고 호통하는 왜장의 앞에 나아가 "우리 절에는 다른 보배가 없고 오직 왜장의 머리가 보배다"라고 대답하여, 그들로 하여금 간담을 서늘하게 하였다. 그리하여 적군들은 그를 '보두화상(寶頭和尙)'이라고 일컫게 되었다. 그는 다시 고성(高城)에 나아가 왜장들을 설유하여 영동(嶺東) 9읍(邑)이 병화를 면하게 되었다. 그 길로 승병 수백 명을 거느리고, 평안도 순안(順安)에 가서 서산스님의 휘하에서 부총섭(副總攝)으로 활약하여 평양 싸움에 크게 전공을 세우고, 다시 영남에까지 추격하여 의령(宜寧) 싸움에서 또한 큰 공을 세웠다. 선조께서 불러올려 당상경(堂上卿)을 맡기고는 환속(還俗)하기를 권하였으나 굳이 사양하였고, 명나라 장병들과 조정의 간청으로 강화(講和) 문제를 위하여 1594년부터 1598년까지 여러 차례 왜군의 진영에 왕래하였는데, 복잡한 국제 정세로 말미암아 큰 효과는 없었으나, 그 비범한 수완을 삼국(三國)의 군민(軍民)이 크게 칭송하였다.

한편으로 영남의 군사를 지휘하여 유격전을 하게 하면서 팔공(八公)·금오(金鰲)·용기(龍起)의 각처와 마지막으로 부산에까지 성을 쌓았을 뿐 아니라, 명나라 군사와 우리 군사를 위하여 준비한 군량이 사천여 석이요, 무기와 군복도 만여

벌이 되었다. 이런 일들이 끝난 뒤에 직인(職印)과 전마(戰馬)를 나라에 바치므로, 임금은 그에게 '가선동지중추부사(嘉善同知中樞府事)'의 관품을 내렸다.

　1604년(선조 37) 1월 서산대사의 부고를 받고 향산으로 가다가, 중도에 국명(國命)을 받고 일본으로 건너가게 되니, 그 때의 직함이 '정헌자헌대부 수병조판서겸지팔도승의병도총섭 행강화접반사(正憲資憲大夫守兵曹判書兼知八道僧義兵都摠攝行講和接伴使)'였다. 왜경(倭京)에 다다르자 대장군 덕천가강(德川家康)이 신심으로 귀의하여 부처님같이 모셨다고 한다. 그는 일본의 여러 지방으로 돌아다니면서 그들 조야(朝野)의 명사와 고승(高僧)들을 설유하여 크게 참회하게 하고, 다시는 전쟁을 일으키지 않기를 맹세하게 할 뿐 아니라, 그들이 훔쳐간 우리 보배들과 붙잡아간 우리 백성과 남녀 기술자 삼천오백여 명이 있는 곳을 자세히 조사하였다. 그들 가운데 우리 본국에서 공장(工匠)이라 하여 천대만 받다가, 그들에게서 특별한 대우를 받고 돌아올 생각이 없어 하는 이들을 위하여, 조국 생각을 일으키는 노래를 지어 퍼뜨리기도 하였다. 그와 같은 노력으로 영구한 국교(國交)가 성립되는 동시에, 보배와 사람을 모조리 찾아가지고 그 이듬해(1605년) 봄에 돌아왔다. 이에 나라에서는 그에게 '가의대부 행용양위 대호군(嘉義大夫 行龍驤衛大護軍)'에 봉하고, 그 조상 삼세(三世)를 추증(追贈)하였다.

1610년(광해군 2) 8월 26일 가야산(伽倻山) 해인사(海印寺)에서 대중을 모아놓고 설법하신 뒤에 가부좌하고 앉아 입적하시니, 나이 67세였다. 그 영골을 모신 부도가 해인사에 있고, 그의 저술이 퍽 많았으나 병화로 대개 없어지고, 남은 것은 『분충서난록(奮忠紓難錄)』, 『사명집(泗溟集)』 등 7권 밖에 전하지 않는다. 시호는 자통홍제존자(慈通弘濟尊者)라 하였다.

용담스님의 『선가구감』을 다시 펴내며

내가 용담(龍潭)스님의 『선가구감』을 펴낸 지도 어언 50년이 넘었다. 당시 시중에 유통되고 있던 한글 불서로는 『송주』·『관세음보살보문품』·『극락가는 길』 정도에 불과하였으므로, 운허(耘虛)스님과 함께 국문선학간행회를 만들어 최초로 발행한 책이 『선가구감』이었다.

만해 한용운 스님의 수제자인 용담스님은 선(禪)과 교(敎)에 두루 밝았던 분이셨다. 스님은 수 년에 걸쳐 『선가구감』을 번역하고 자세한 주석을 붙이되, 여러 사람에게 돌려 읽어보게 한 다음 의견을 듣고 거듭거듭 윤문을 하였다. 심지어는 어린아이들에게까지 이해할 수 있는지를 물었을 만큼 정성을 다하였다. 현재 시중에 여러 종류의 『선가구감』 번역본이 있지만, 용담스님의 것을 따라올 책이 없는 까닭은 그만큼 스님께서 심혈을 기울였기 때문일 것이다.

그러나 용담스님은 백범 김구 선생과 함께 「정당사회단체 대표자회의」에 참석하러 갔다가 돌아오지 않아 월북자로 지

목받았으므로, 그동안 스님의 이름을 밖으로 나타낼 수가 없었다. 또한 초판본을 격동기인 1948년 1월에 서대문형무소에서 인쇄를 하였으므로 흡족하게 출간되지 못하였고, 교계의 이름있는 스님이 용담스님의 글을 대부분 그대로 차용하여 자신의 편역서처럼 유포한 일도 있었다.

   이러한 사실들을 늘 아쉽게 여겨오다가, 이제 도서출판 효림(曉林)에 내가 가지고 있던 판권을 넘겨 용담스님의 이름으로 새롭게 출간하게 되었다. 그동안 미루어 왔던 숙제를 마친듯 마음이 후련하다. 부디 용담스님께서 정성을 다해 펴낸 이 책이 백년 천년 후에까지 깨달음의 눈을 뜨게 하는 지침서가 되고, 2천만 불자들의 필독서가 되었으면 하는 마음 간절하다.

불기 2546년(壬午) 七夕
서울 칠보사
강석주

읽을수록 신심을 북돋우는 책

리틀 붓다, 행복을 찾아서 / 클라우스 미코슈 지음·김연수 옮김
재치와 감동과 따뜻함이 있는 이야기. 지혜로운 삶에 관한 이야기. 꿈과 성취와 행복이 담긴 이야기. 소중한 삶의 주제들로 가득 채워진 이 책을 읽다 보면 진정한 행복이 무엇인지를 깨닫게 되고, 우리의 불성이 깨어나고 있음을 느낄 수 있게 됩니다.
　　　　　　　　　　　　　　　　　　　　　　　　컬러양장본 184쪽 12,000원

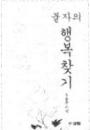
불자의 행복 찾기 / 우룡스님　　　　　　　　신국판 190쪽 6,000원
우룡스님 설법의 결정판. ① 복 받기를 원하거든 ② 보시로 이루는 큰 복 ③ 아상과 무주상 ④ 행복과 기도의 총 4장으로 나누어져 있는 이 책을 읽다 보면 복 짓고 복 쌓고 복 받는 방법과 원리를 저절로 터득할 수 있게 됩니다.

신심으로 여는 행복 / 우룡스님　　　　　　　신국판 192쪽 6,500원
믿음과 기도, 신심을 키우는 방법, 신심 속에서 나타나는 가피와 성취, 윤회에 대한 믿음, 불성의 발현과 믿음, 가정과 나를 살리는 각종 실천법 등이 잘 수록되어 있습니다.

불교란 무엇인가 / 우룡스님　　　　　　　　　국판 160쪽 5,000원
'불교는 해탈의 종교·해탈을 얻는 원리·무엇이 부처인가·소승과 대승불교' 등 불자들이 마음에 새기고 실천해야 할 핵심되는 가르침을 많은 예화를 곁들여 설한 책입니다.

불교의 수행법과 나의체험 / 우룡스님　　　　신국판 160쪽 5,000원
염불 및 주력수행법, 기도를 잘하는 법, 경전공부의 방법, 참선 수행법, 수행과 업장소멸, 수행정진의 비결 등을 큰스님의 체험을 예로 들면서 쉽고 재미있게 엮었습니다.

마음밭을 가꾸는 불자 / 보성스님　　　　　　신국판 272쪽 8,000원
주인 노릇하며 사는 법, 기도성취의 기본원리, 참회법, 천도재, 백중기도법, 생활 속의 불교수행법, 등에 대해 심도있게 조명한 책.

행복을 여는 부처님의 기르침 / 혜인스님　　　신국판 160쪽 5,000원
부모님의 은혜, 인과법과 마음씨, 신심·구업口業·보시·인욕 등 행복한 삶을 사는 데 있어 꼭 필요한 내용들을 명쾌하게 설한 책.

붓다께서 가리킨 길 / 서경수 글·김현준 엮음　　신국판 184쪽 6,000원
부처님의 참된 가르침과 보살의 삶이 무엇인지, 어찌 살고 있는가에 대한 의문, 나를 올바로 사랑하는 법, 집착 없는 본래 자리에 대한 탐구 등을 논리적으로 설명한 책.

기상천외의 스님들 / 서경수 글·김현준 엮음　　신국판 224쪽 7,000원
원효대사, 도선국사, 나옹선사, 신돈, 활해선사, 허주스님, 영산스님, 환옹선사, 경허선사, 수월선사, 혜월선사 등 11분 스님들의 사상과 진면목을 발견하고 생생한 발자취를 좇는 책입니다.

기도 및 영가천도의 지침서

광명진언 기도법 / 일타스님·김현준   신국판 176쪽 5,000원
광명진언 속에 새겨진 참의미와 바른 기도법, 빠른 기도성취법 등을 자상하게 설하고, 유형별 기도성취 영험담을 다양하게 수록하였습니다. 광명진언을 외우면 행복과 평화, 영가천도, 소원성취를 이룰 수 있습니다.

기도 / 일타스님   신국판 240쪽 7,000원
총 6장 52편의 다양한 기도 영험담으로 엮어진 이 책을 읽다보면 기도를 통해 틀림없이 부처님의 가피를 입을 수 있다는 것을 확신할 수 있게 되고, 올바른 기도법과 함께 기도성취의 지름길을 알 수 있게 됩니다.

관음신앙·관음기도법 / 김현준   신국판 240쪽 7,000원
관세음보살의 구원 능력, 주요 경전 속의 관음관, 11면관음·천수관음·32응신·33관음 등 자비관음의 여러 가지 모습, 일심칭명 일념염불의 관음기도법, 독경사경 기도법, 다라니 염송 기도법 등을 자세하고도 알기 쉽게 풀이하였습니다.

미타신앙·미타기도법 / 김현준   신국판 160쪽 5,000원
아미타불의 참 모습에서부터 극락에서 누리는 행복, 칭명염불·오회염불·관상염불·천도염불 등의 각종 염불수행법을 자세히 밝히고 있습니다. 불교신앙의 결정판으로, 불자라면 꼭 1독해야 할 책입니다.

지장신앙·지장기도법 / 김현준   신국판 188쪽 6,000원
지장신앙 속에는 영가천도뿐만이 아니라 현세에서의 행복과 깨달음, 성불의 비결까지 간직되어 있습니다. 이러한 지장신앙의 여러 측면과 함께 생활 속에서 할 수 있는 지장기도법을 자세히 밝혀놓았습니다.

불교의 자녀사랑 기도법 / 김현준   신국판 160쪽 5,000원
가장 가깝고 가장 사랑하는 자녀들을 정말 잘 사랑할 수 있는 방법을 부처님의 가르침에 의지하여 정립하고 생활화한 책입니다. 특히 이 책속의 기도법은 자녀의 향상과 발전과 원성취를 이루게 하는 묘법이라 아니할 수 없습니다.

기도성취 백팔문답 / 김현준   신국판 240쪽 7,000원
기도에 대한 정의·기도와 믿음·기도를 방해하는 번뇌망상·업장소멸·꾸준한 기도의 효험·원을 세우는 법·축원법·각종 기도가피·기도성취의 시기·성취를 위한 하심법 등 기도에 관한 여러 궁금증들을 원리에 입각하여 풀이하였습니다.

참회·참회기도법 / 김현준   신국판 160쪽 5,000원
참회의 참된 의미, 절·염불을 통한 참회법, 참회인의 마음가짐, 이참법 등을 영험담들과 함께 감동 깊게 엮은 책으로, 참회를 통해 행복하고 자유로운 삶을 사는 방법을 열어주고 있습니다.

영가천도 / 우룡스님   신국판 160쪽 5,000원
돌아가신 영가를 영가를 제대로 천도해 드리지 못했습니까? 영가천도의 필요성과 기본자세, 염불·독경·사경을 통한 영가천도, 49재, 낙태아 천도 등 영가천도에 관한 궁금증 및 천도의 방법을 우룡스님의 자세한 법문으로 풀어드립니다.

다량의 법보시는 할인 혜택을 드립니다. 출판사로 연락 주십시오. ☎ (02) 582-6612

기도 성취의 지름길 (2019년 신간) / 우룡스님　　4×6판　160쪽　4,000원
가족을 위한 기도와 기도 성취의 원리에 초점을 맞춘 감동적인 기도법문입니다. 제1부「가족 행복을 위한 기도」에서는 가족을 향한 참회와 절의 필요성, 3배 기도의 큰 영험에 대해 일러주고 있으며, 제2부「빠른 기도 성취의 길」에서는 믿음과 정성이 뒤따라야 기도 성취를 잘할 수 있고, 기도의 고비를 잘 넘겨야 능히 행복과 대해탈의 문이 열린다는 것을 많은 이야기를 곁들여 설하고 있습니다.

기도 이야기 (신간) / 우룡스님　　신국판　204쪽　6,000원
"스님, 기도로 소원을 성취할 수 있습니까?" 총 6장 45편의, 참으로 재미있는 기도성취 영험담이 수록된 이 책을 읽고 기도를 하면, 불보살님과 통하는 감응의 길이 열리면서 심중소원을 빨리 성취하게 됩니다. 또한 이야기 끝에 붙인 큰스님의 해설은 기도의 방법을 쉽게 터득할 수 있도록 이끌어줍니다.

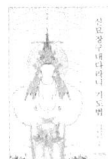
신묘장구대다라니 기도법 / 우룡스님·김현준　　신국판　208쪽　6,000원
신묘장구대다라니를 외우면 생겨나는 가피와 공덕, 기도의 방법과 주의할 점, 우룡스님이 들려주는 14편의 영험담, 대다라니의 근본경전인『무애대비심다라니경』을 수록하고 있는 이 책을 읽고 자신있게 기도하면 심중 소원의 성취와 기적같은 체험도 할 수 있습니다.

법화경 (독송용) / 김현준 역　　4x6배판　전3책　544쪽　총20,000원
법화경 한글사경 / 김현준 역　4x6배판　전5책　각권 120쪽 내외　권당 4,000원　총20,000원

불교 최고 경전인 법화경! 이 경을 독송하고 사경해 보십시오.
소원성취는 물론 깨달음과 경제적인 풍요까지 안겨줍니다.

법화경을 독송하고 사경하면 부처님과 대우주법계의 한량없는 가피가 저절로 찾아들어 업장소멸은 물론이요 갖가지 소원을 두루 성취할 수 있습니다. 특히 밝은 지혜를 얻고 크게 향상하게 되며 경제적인 풍요와 사업의 번창·입시등 각종 시험의 합격 및 승진이 쉬워지고 가족 모두가 평온하고 복된 삶을 누리며, 병환·재난·가난 등 현실의 괴로움이 소멸되고 부모 친척 등의 영가가 잘 천도되며 구하는 바가 잘 이루어집니다.

자비도량참법 / 김현준 역　　양장본　528쪽　18,000원
참되이 참회하시기를 원하십니까? 자비도량 참법 기도를 하십시오. 나의 허물과 죄업의 참회에서 시작하여 부모 스승 친척 등 육도 속을 윤회하는 온 법계 중생의 업장과 무명까지 모두 소멸시켜줍니다. 이 참법을 행하다 보면 저질로 참회의 마음이 깊어지고 자비가 충만하여지고 환희심이 넘쳐 나게 됩니다.

큰활자본 지장경 / 김현준 편역　　4×6배판　208쪽　7,000원
지장보살본원경 / 김현준 편역　　신국판　208쪽　6,000원

지장기도를 하는 분들을 위해 ① 지장경을 처음부터 끝까지 1번 독송, ② '나무지장보살'을 천번염송, ③ 지장보살예찬문을 외우며 158배, ④ '지장보살'천번 염송의 4부로 나누어 특별히 만들었습니다.
지장경 독경 및 지장보살예참과 염불을 할 때, 각 장 앞에 제시된 기도법에 따라 기도를 하게 되면, 지장보살의 가피 속에서 틀림없이 영가천도·업장소멸·소원성취·향상된 삶을 이룩할 수 있게 됩니다.
이 두 책의 내용은 같으며, 활자 및 책크기만 다릅니다.

삶의 향기를 더해주는 큰스님의 법문집

이야기로 배우는 불교 / 보성스님   신국판 160쪽 5,000원
불교! 누구나 쉽게 배울 수 있습니다. 총 5장 44편의 불교와 인생과 기도 이야기를 담은 이 책을 읽다 보면 인간답게 살아야 하는 까닭, 복과 지혜와 자비를 담으며 사는 방법, 감동이 있는 삶과 부처님 가르침의 핵심, 기도를 통해 가피를 입을 수 있는 원리와 방법 등을 터득할 수 있습니다.

참 생명을 찾는 경봉스님 가르침 / 김현준 엮음   신국판 192쪽 6,000원
경봉스님께서 설한 법문집. 참 생명을 찾는 공부 방법과 도와 인생의 실체, 이 사바세계를 무대로 삼아 멋있게 사는 법 등을 다양한 이야기와 함께 엮은 책입니다.

바보가 되거라 (경봉큰스님 일대기) / 김현준   신국판 220쪽 6,000원
예리한 지혜의 눈과 깊은 자비심으로 중생의 자유로운 삶을 일깨웠던 경봉큰스님! 이 책을 펼쳐들면 지혜의 눈과 깊은 자비심으로 중생의 자유로운 삶을 일깨웠던 이 시대 최고의 도인 경봉스님을 만날 수 있게 됩니다.

불자의 마음가짐과 수행법 / 일타스님   신국판 192쪽 6,000원
불자들이 큰 행복과 대자유를 얻기 위해서는 어떠한 마음가짐으로 살아야 하며, 참선·염불·간경·주력의 불교 4대 수행법을 어떻게 닦아야 하는가를 갖가지 비유를 들어 상세히 설하고 있습니다.

부드러운 말 한마디 미묘한 향이로다 / 일타스님   신국판 240쪽 7,000원
일타스님 대표 법문집. 삶의 이유, 복된 삶 이루기, 보시와 지계, 도 닦는 법, 지혜 성취 법 등의 맑고 주옥같은 법문으로 행복의 세계로 향하는 문을 열어주고 있습니다.

불자의 기본 예절 / 일타스님   신국판 160쪽 5,000원
불교 예절의 근본이 되는 마음가짐과 말씨, 걸음걸이와 앉음새, 합장법, 절하는 법, 법당에서의 예절, 법문 듣는 법, 목욕·입측법 등을 많은 이야기를 곁들여 재미있게 엮었습니다.

선수행의 길잡이 / 일타스님   신국판 224쪽 7,000원
일타스님의 유작으로, '참선이란', '좌선법', '참선을 잘 하는 법', '참선 장애의 극복' 등 참선하는 이들이 꼭 알고 닦아야 할 사항들을 이해하기 쉽게 설한 책입니다.

정성 성誠이 부처입니다 / 우룡스님   신국판 240쪽 7,000원
'정성 성'이 부처요, 모든 것이 부처님 하는 일. 대우주와 하나되는 삶, 마음 단속과 마음 열기, 미움 다스리기, 번뇌와 업장을 비우는 방법 등을 쉽고 편안하게 엮었습니다.

불자의 살림살이 / 우룡스님   신국판 160쪽 5,000원
참된 불자의 살림살이가 무엇인지, 특히 가족을 향한 참회와 복 짓는 방법, 평온을 얻고 지혜를 이루는 방법을 쉽고도 일목요연하게 설한 주옥같은 법문집입니다.

● 아름다운 우리말 경전 시리즈 ●

유교경 (신간) / 일타스님·김현준 편역　　　　　국반판　100쪽　2,000원
부처님의 마지막 법문으로 구구절절이 감동과 깨우침을 주는 책.

금강경 / 우룡스님 역　　　　　　　　　　　　국반판　100쪽　2,000원
'금강경을 우리말로 보급하겠다'는 원력에 의해 제작된 책.

관음경 / 우룡스님 역　　　　　　　　　　　　국반판　100쪽　2,000원
관음경의 번역과 함께 관음기도와 염불법에 대해 자세히 설한 책.

보현행원품 / 김현준 편역　　　　　　　　　　국반판　100쪽　2,000원
보현보살의 십대원을 설하여 참된 보살의 길로 이끌어주는 책.

약사경 / 김현준 편역　　　　　　　　　　　　국반판　100쪽　2,000원
한글 번역과 함께 약사기도법과 약사염불법에 대해 자세히 설한 있는 책.

지장경 / 김현준 편역　　　　　　　　　　　　국반판　196쪽　3,500원
편안한 번역으로 쉽게 이해할 수 있도록 하였으며, 기도법도 자세히 수록한 책.

부모은중경 / 김현준 역　　　　　　　　　　　국반판　100쪽　2,000원
부모님의 은혜를 느끼며 기도를 할 수 있게 엮은 책.

초발심자경문 / 일타스님 역　　　　　　　　　국반판　100쪽　2,000원
신심을 굳건히 하고 수행에 대한 마음을 불러일으키게끔 하는 책.

법요집 / 불교신행연구원 편　　　　　　　　　국반판　100쪽　2,000원
법회와 수행 시에 필요한 각종 의식문, 좋은 몇 편의 글들을 수록한 책.

선가귀감 / 서산대사 저·용담스님 역　　　　　국반판　160쪽　3,000원
선수행 뿐 아니라 참회 염불 육바라밀 등 불교의 요긴한 가르침을 담은 책.

● 많이 찾는 기도 독송용 한글 경전 ●

한글 보현행원품 (신간) / 김현준 편역　　　　4×6배판　112쪽　4,000원
보현행원품과 예불대참회문을 함께 실어 독경 후 행원품에 근거한 전통적인 108배를 행할 수 있도록 만들었으며, 독송 방법과 대참회의 의미 등도 상세히 설명하였습니다.

한글 금강경 / 우룡스님 역　　　　　　　　　4×6배판　112쪽　4,000원
책 크기만큼 글씨도 크게 하고 한자 원문도 수록하였으며, 독송에 관한 법문도 첨부하였습니다. 사찰 및 가정에서의 독송용으로 매우 좋습니다.

한글 약사경 / 김현준 편역　　　　　　　　　4×6배판　100쪽　3,500원
아주 큰 활자로 약사경 한글 번역본을 만들었습니다. 약사경 독경 방법 및 약사염불법도 함께 실어 기도에 도움이 되도록 하였습니다.

한글 관음경 / 우룡스님 역　　　　　　　　　4×6배판　96쪽　3,500원
커다란 글씨의 관음경 해설과 함께 관음경의 원문과 독송법, 관음 염불 방법 등을 수록하여 관음경의 가르침을 쉽게 이해하도록 하였습니다.

다량의 법보시는 할인 혜택을 드립니다. 출판사로 연락 주십시오. ☎ (02) 582-6612

알기 쉬운 경전 해설서

예불문, 그 속에 깃든 의미 / 김현준 　　　　신국판 256쪽 7,000원
많은 불자들이 궁금해 하면서도 마땅히 답을 얻기 어려웠던 오분향의 의미와 지심귀명례하는 방법, 불법승 삼보의 내용과 문수·보현·관음·지장보살, 십대제자·16나한·5백나한·천이백아라한·역대조사, 그리고 사부대중의 화합 등의 내용을 모두 담았습니다.

생활 속의 천수경 / 김현준 　　　　　　　신국판 280쪽 8,000원
천수관음은 어떤 분이며, 천수관음을 청하는 법과 가피를 얻는 법, 신묘장구대다라니의 풀이와 공덕, 참회 성취의 비결 및 준제기도, 주요 진언의 뜻풀이, 각종 소원을 이루는 방법 및 기도법 등을 상세하게 풀이하고 있습니다.

생활 속의 금강경 / 우룡스님 　　　　　　신국판 304쪽 8,000원
금강경의 심오한 내용을 알기 쉽게 풀이하고 일상생활과 접목시켜 강설함으로써 삶의 현장에서 금강경의 가르침을 능히 응용할 수 있도록 하였고, 감동을 주는 일화들을 많이 삽입하여 재미를 더해주고 있습니다.

생활 속의 관음경 / 우룡스님 　　　　　　신국판 240쪽 7,000원
관세음보살보문품인 관음경을 통하여 관세음보살의 본질, 일심칭명과 재난 소멸법, 공경예배와 소원 성취법, 관세음보살을 관하는 법 등에 대해 여러 가지 영험담과 함께 감동적으로 풀이하고 있습니다.

생활 속의 반야심경 / 김현준 　　　　　　신국판 272쪽 8,000원
공空의 의미, 모든 괴로움의 원인과 괴로움에서 벗어나는 방법, 색즉시공 공즉시색의 참뜻, 걸림 없고 진실불허한 삶을 이루는 방법 등을 반야심경의 경문을 따라 쉽고 상세하고 재미있게 풀이하고 있습니다.

생활 속의 보왕삼매론 / 김현준 　　　　　신국판 240쪽 7,000원
불자들이 즐겨 독송하는 『보왕삼매론』을 해설한 이 책은 병고 해탈, 고난 퇴치, 마음공부와 마장 극복, 일의 성취, 참사랑의 원리, 인연 다스리기, 공덕 쌓는 법, 이익과 부귀, 억울함의 승화 등 누구나 인생살이에서 겪게 되는 장애들을 속 시원하게 뚫어주고 있습니다.

범망경 보살계 / 일타스님 강설 　　　　　신국판 508쪽 15,000원
일평생 보살계를 설한 일타스님께서 십중계와 48경계를 명쾌하게 풀이한 이 책을 읽다 보면 어둔 밤에 밝은 등불을 만난 것과 같은 환희심과 함께 참된 불자의 길을 알 수 있게 됩니다.

육조단경 / 김현준 　　　　　　　　　　　신국판 240쪽 7,000원
육조 혜능대사께서 설한 선종의 근본 경전으로 인간의 참된 본성을 보게 하여 마음을 치유하고 깊은 깨달음을 열어주는 불자의 필독서.

참회와 사랑의 기도법 / 김현준 　　　　　신국판 192쪽 6,000원
참회의 정의에서부터 참회기도를 해야하는 까닭, 절을 통한 참회법·염불참회법·주력참회법·가족을 향한 참회법, 기도 축원의 구체적인 내용 및 자비의 기도가 갖는 효과, '백중과 영가천도'등에 대해 아주 상세하게 설명하고 있습니다.